C·H·Beck

W0099866

Wie lässt sich intersubjektiv, also für jedermann nachvollziehbar, begründen, dass es allgemein verbindliche Moralnormen gibt? Diese grundlegende philosophische Frage ist durchaus auch von praktischer Bedeutung. Denn es gibt immer wieder moralische Fragen, über die es sogar in ein und derselben Gesellschaft zu gravierenden Meinungsverschiedenheiten kommt. Das zeigt, dass die Frage nach der richtigen Methode der Moralbegründung nicht nur in theoretischer, sondern auch in praktischer Hinsicht einer Antwort bedarf. Hoerster sichtet in diesem Buch kritisch verschiedene Möglichkeiten der Moralbegründung. Letztlich erteilt er in seiner leicht verständlichen Abhandlung allen prominenten Versuchen einer objektiven Moralbegründung – wie Kants kategorischem Imperativ und Habermas' Diskurstheorie – eine Absage. Eine Moralnorm, so das Fazit des Buches, ist nur insoweit intersubjektiv begründet, als ihre soziale Geltung im Interesse der betroffenen Individuen liegt.

Norbert Hoerster, geb. 1937, lehrte von 1974 bis 1998 als Professor Rechts- und Sozialphilosophie an der Universität Mainz. Bei C.H.Beck sind von ihm lieferbar: *Haben Tiere eine Würde?* (2004); *Was können wir wissen?* (2010); *Die Frage nach Gott* (³2010); *Muss Strafe sein?* (2012); *Was ist Recht?* (²2013); *Was ist eine gerechte Gesellschaft?* (2013).

Norbert Hoerster

Wie lässt sich Moral begründen?

C.H.Beck

Originalausgabe

© Verlag C.H.Beck oHG, München 2014
Satz, Druck u. Bindung: Druckerei C.H.Beck, Nördlingen
Umschlagentwurf: malsyteufel, willich
Printed in Germany
ISBN 978 3 406 66786 2

www.beck.de

Inhalt

«*Eine Moraltheorie muss zeigen können, dass alle Pflichten, die sie empfiehlt, auch die wahren Interessen jedes Individuums sind.*»

David Hume

Vorbemerkung

Bei dem vorliegenden Buch handelt es sich um eine Neufassung meines Buches *Ethik und Interesse* (Reclam 2002). Diese Neufassung enthält wesentliche Änderungen. Zwar habe ich meine Grundposition einer interessenfundierten Moralbegründung nicht geändert. Gleichwohl bin ich heute der Meinung, dass sich die zentralen Punkte dieser Moralbegründung weniger kompliziert und knapper als in der ursprünglichen Ausgabe erläutern lassen. Die entscheidenden Kürzungen bzw. Korrekturen habe ich in den Kapiteln 1, 7, 8 und 9 vorgenommen. An meiner Kritik an den in den Kapiteln 2 bis 6 vorgestellten Positionen, die auf dem Gebiet der Ethik eine wichtige Rolle spielen, von denen sich meine Position aber deutlich unterscheidet, hat sich nichts Wesentliches geändert. Es sind vor allem die Schriften von David Hume (1711–1776) und John L. Mackie (1917–1981), die mein philosophisches Denken geprägt haben.

1. Was verstehen wir unter «Moral»?

Was meinen wir, wenn wir die Worte «Moral» bzw. «moralisch» oder die Worte «Unmoral» bzw. «unmoralisch» benutzen? Ich möchte im Folgenden zeigen, dass jede Moral aus Normen besteht – aus Normen, die erstens eine bestimmte Verallgemeinerung beinhalten und zweitens mit dem Anspruch, allgemein zustimmungsfähig zu sein, verbunden sind.

Bei einer Norm der Moral, einer Moralnorm, handelt es sich um eine Norm oder Forderung des Verhaltens, die die Menschen – nach Auffassung dessen, der die Norm vertritt – nicht verletzen sollen. Wer etwa sagt «Es ist unmoralisch, zu lügen» oder «Man soll nicht lügen», der *vertritt* damit seinen Mitmenschen gegenüber die Moralnorm, nicht zu lügen, und *akzeptiert* außerdem diese Norm sich selbst gegenüber. Er gibt dieser Norm insofern nicht nur seine Zustimmung, sondern bekundet damit auch eine bestimmte *moralische Einstellung*. Häufig steht er dabei, wie das genannte Beispiel zeigt, als Vertreter und Akzeptant der betreffenden Moralnorm nicht allein da, sondern trifft auch bei seinen Mitmenschen auf breite Zustimmung. Manchmal geben Menschen aber auch ganz unterschiedlichen Moralnormen ihre Zustimmung. So halten zum Beispiel manche Menschen die Abtreibung für unmoralisch, andere Menschen dagegen für moralisch in Ordnung.

Das Beispiel zeigt: Eine *Norm* der Moral, wie hier verstanden im Sinn einer Forderung, ist nicht notwendig dasselbe wie eine moralische *Regel*, die dort, wo sie vertreten wird, auf breite soziale Zustimmung stößt. Natürlich steht häufig hinter einer Moralnorm – wie der Forderung, nicht zu lügen oder zu stehlen – auch eine weitgehend vertretene und akzeptierte Regel. Aber auch wenn jemand es etwa für unmoralisch erklärt, eine Abtreibung vorzunehmen oder Fleisch zu essen, handelt es sich nach meinem Verständnis hier um Moralnormen, obschon diese Normen jedenfalls in unserer Gesellschaft zur Zeit nur bei einer Minderheit der Menschen auf Zustimmung stoßen. Nicht selten findet eine Moralnorm, der zunächst nur eine Minderheit in der Gesellschaft zustimmt, im Lauf der Zeit ja durchaus weitgehende Zustimmung. Das heißt, sie wird zu einer allgemein vertretenen und akzeptierten und damit zu einer *sozial geltenden* Moralnorm. Und ebenfalls nicht selten tritt der gegenteilige Fall ein, dass eine lange Zeit sozial geltende Moralnorm – man denke etwa an die frühere moralische Ächtung der Homosexualität – die allgemeine Zustimmung verliert.

So gesehen, hat ein weiter Normbegriff im Sinn einer erhobenen Forderung anstatt im Sinn einer Regel den Vorteil, moralische Forderungen auch unabhängig von dem Maß und der möglichen Schwankung ihrer sozialen Vertretung und Akzeptanz erfassen zu können. Im Übrigen ist ein derart weiter Normbegriff durchaus auch in unserem allgemeinen Sprachgebrauch anzutreffen. Man denke etwa an den gängigen Begriff der Rechtsnorm, der keineswegs auf solche rechtlichen Vorschriften oder staatlichen Forderungen beschränkt ist, die von den Bürgern auch allgemein anerkannt und akzeptiert werden.

Offenbar sind nicht alle Normen auch Moralnormen.

Wodurch aber unterscheiden sich Moralnormen von Normen anderer Art wie Normen des Rechts und Normen der Sitte (der Konvention, der Etikette), die ebenfalls als Forderungen vertreten werden und die ebenfalls in mehr oder weniger großem Ausmaß in einer Gesellschaft Zustimmung und damit soziale Geltung finden können? *Ein* Unterschied ist sicher der, dass *Verletzungen* der betreffenden Normen von denen, die sie vertreten, unterschiedlich geahndet werden: Während die Verletzung von Rechtsnormen mit einer formellen Sanktion wie der Kriminalstrafe oder der Zwangsvollstreckung geahndet wird, ist die Verletzung von Normen der Moral und der Sitte lediglich mit informellen Sanktionen wie Tadel und Verachtung verbunden. Dabei sind die informellen Sanktionen von Moralverletzungen gewöhnlich gravierender als die von bloßen Sittenverletzungen: Wer lügt, wird stärker getadelt als jemand, der sich unkorrekt kleidet.

Besonders wichtig zur Kennzeichnung von Moralnormen aber ist der folgende Punkt. Wer eine Rechtsnorm erlässt (wie «Man soll im Straßenverkehr rechts fahren») und wer sich für eine Sittennorm ausspricht (wie «Männer sollen in der Öffentlichkeit eine Hose tragen»), stellt diese Forderungen in der Regel nur für das Verhalten der Menschen in der eigenen Gesellschaft auf. Er hat kein Problem damit, dass in anderen Gesellschaften andere Normen des Rechts bzw. der Sitte soziale Geltung haben oder erlangen. Ganz anders ist dies jedoch bei typischen Moralnormen. Von einer Moralnorm spricht man gewöhnlich nur dann, wenn die betreffende Norm oder Forderung mit einem bestimmten *Anspruch auf Verallgemeinerung* verbunden ist.

Damit ist Folgendes gemeint: Eine Moralnorm richtet sich nicht nur an die Mitglieder der eigenen Gesellschaft, sondern an alle Menschen schlechthin («Man soll nicht lügen») oder jedenfalls an alle Menschen, die bestimmte allgemeine Eigenschaften besitzen (wie zum Beispiel: «Superreiche sollen für die Armen in der Dritten Welt Geld spenden»). Daraus folgt: Sofern in einer Norm n ein Eigenname (wie Hans oder die Deutschen) vorkommt, kann n nur dann als eine Moralnorm betrachtet werden, wenn n deshalb vertreten wird, weil n die logische Folgerung einer allgemeinen Norm (wie eben «Man soll nicht lügen») ist.

Durchaus vereinbar mit diesem Verständnis von Moralnormen ist im Übrigen, dass gewisse Normen (wie «Man soll nicht stehlen») sowohl als Moralnormen wie auch als Rechtsnormen in Geltung sind, ja dass Menschen auch die Moralnorm vertreten können, dass der Staat eine bestimmte geltende Moralnorm auch als Rechtsnorm erlassen soll. Und vereinbar mit diesem Moralverständnis ist außerdem, dass manche Moralnormen in unterschiedlichen Gesellschaften durchaus einen unterschiedlichen Inhalt haben können. Möglich ist dies nämlich immer dann, wenn diese Moralnormen sich aus derselben höherrangigen Moralnorm in Verbindung mit jeweils *unterschiedlichen* empirischen Prämissen logisch ableiten lassen. So kann etwa die Moralnorm «Man soll seinen Mitmenschen das Überleben sichern» in Gesellschaften mit unterschiedlichen Klimabedingungen zu ganz unterschiedlichen konkreten, abgeleiteten Moralnormen führen.

Wer eine Norm vertritt, die er als Moralnorm versteht, macht normalerweise nicht nur den Wunsch oder Anspruch geltend, dass seine Mitmenschen dieser Norm zustimmen. Er hält die Norm darüber hinaus auch für allgemein (oder zumindest weitgehend) *zustimmungsfähig*; das heißt, er ist der Überzeugung, dass es für seine Mitmenschen ähnlich wie für ihn selbst durchaus begründet ist, der Norm zuzustimmen.

Es wäre ja ganz sinnlos, wenn ich für die Ablehnung eines bestimmten Verhaltens, das ich für unmoralisch erkläre, den Anspruch auf allgemeine Zustimmung erheben würde, ohne gleichzeitig davon überzeugt zu sein, dass meine Mitmenschen, um deren Zustimmung es mir geht, einen hinreichenden Grund haben, dieses Verhalten ebenfalls als unmoralisch abzulehnen. Das heißt zwar nicht unbedingt, dass ich davon ausgehe, dass meine Mitmenschen *tatsächlich* der betreffenden Moralnorm zustimmen werden, wohl aber, dass ich davon ausgehe, dass meine Mitmenschen *vernünftigerweise* der Norm zustimmen werden. So sind etwa Abtreibungsgegner und Tierrechtler gewöhnlich durchaus davon überzeugt, dass ihre moralische Einstellung, jedenfalls unter aufgeklärt rationalen Menschen, allgemeine Zustimmung verdient. Ob sie mit dieser Überzeugung Recht haben, ist natürlich eine andere Frage.

Wie könnte nun aber eine rational gelungene, intersubjektiv überzeugende Begründung einer Moralnorm prinzipiell aussehen? Damit sind wir bei der zentralen, philosophischen Frage der Moralbegründung angelangt. Denn nur wenn sich eine überzeugende *Methode* der Moralbegründung finden lässt, kann man auch – unter Anwendung dieser Methode – die einzelnen inhaltlichen Moralnormen wie das Verbot der Lüge oder des Diebstahls wirklich überzeugend begründen.

Allzu häufig wird genau diese Frage nach der Methode der Moralbegründung in der heutigen Moralphilosophie übergangen. Stattdessen geht man zur Begründung von Moralnormen auf einem bestimmten Gebiet einfach von gewissen anderen Moralnormen auf demselben Gebiet, die man anscheinend nicht für begründungsbedürftig hält, als selbstverständlich aus und versucht, die für begründungsbedürftig gehaltenen Normen entweder aus diesen anderen Normen abzuleiten oder zumindest als mit ihnen kohärent oder vereinbar zu erweisen. Ein solches Vorgehen ist natürlich als solches nicht irrational. Genauso verfährt man ja häufig im Alltag und auch in der Politik.

So setzen wir etwa bei der Begründung der Norm, dass man in seiner Wohngegend keinen Lärm oberhalb einer bestimmten Lautstärke produzieren darf, voraus, dass man der Gesundheit seiner Mitmenschen nicht schaden darf. Als Moralphilosoph muss man dann jedoch fragen: «Warum darf man der Gesundheit seiner Mitmenschen nicht schaden, wenn dies einem selbst Nutzen bringt?» Aus zumindest drei Gründen darf man eine Antwort auf diese Frage nicht einfach voraussetzen:

1. Es ist Aufgabe der Philosophie, die elementaren Fragen auf einem bestimmten Gebiet möglichst weitgehend zu lösen, und zwar unabhängig davon, ob eine solche Lösung für unsere alltägliche Lebenspraxis wirklich notwendig ist. So reicht es, philosophisch betrachtet, eben nicht aus, etwa zu sagen: «Wir sind uns doch alle einig, dass man unschuldige Menschen nicht töten darf.» Nicht zufällig sind die *Begründungen*, die für diese allgemein geteilte moralische Einstellung bisweilen gegeben werden, ja vollkommen unterschiedlich. Ich nenne hier nur etwa die Positionen des Hobbesianers, des Kantianers und des gläubigen Christen, der sich auf die sogenannten Zehn Gebote beruft.

2. Es gibt immer wieder Menschen, die selbst solche Moralnormen, die weitgehend für selbstverständlich gehalten werden, als Adressaten *nicht* akzeptieren wollen. Sollte man als Philosoph nicht alles tun, um eine Methode zu finden,

mit deren Hilfe man moralische Konflikte zwischen den Menschen so weit wie möglich lösen kann?

3. Es gibt in Wahrheit auch immer wieder Moralnormen, die keineswegs als selbstverständlich von einem allgemeinen Konsens getragen werden, sondern deren Akzeptanz entweder zwischen verschiedenen Gesellschaften oder zwischen verschiedenen Perioden einer Gesellschaft oder sogar innerhalb derselben Gesellschaft und derselben Periode deutlich variiert. (Dies zeigen etwa meine obigen Hinweise auf die moralischen Einstellungen in unserer derzeitigen Gesellschaft zu Abtreibung und Fleischverzehr.) Werden Moralphilosophen unter diesen Umständen, auch pragmatisch gesehen, ihrer Funktion gerecht, wenn sie in ihren Argumentationen wie Politiker einfach von den von der Mehrheit in der eigenen Gesellschaft derzeit geteilten Moralnormen als selbstverständlich ausgehen? War es also vor fünfzig Jahren noch moralisch begründet, homosexuelle Handlungen staatlich zu bestrafen, während es heute moralisch begründet ist, homosexuellen Paaren die Eheschließung zu ermöglichen?

Ich muß sagen: Mir ist die Bestrafung der Homosexualität auch vor fünfzig Jahren nie als begründet erschienen. Und die Eheschließung zwischen zwei Homosexuellen erscheint mir heute als ebenso selbstverständlich bzw. nicht selbstverständlich wie die Eheschließung zwischen einer Frau und zwei Männern. Ich kann insbesondere auch nicht nachvollziehen, warum eine lebenslange Vielehe unmoralisch sein soll, während eine alle paar Jahre neue Ehe oder Partnerschaft als moralisch problemlos gilt.

Warum aber soll man den in seiner Gesellschaft zur Zeit weitgehend anerkannten und insofern sozial geltenden Moralnormen nicht einfach zustimmen? – Dagegen spricht die folgende grundsätzliche Überlegung: Dass in einer Gesellschaft zu einer bestimmten Zeit bestimmte Moralnormen soziale Geltung besitzen, ist ein Faktum, das sich empirisch feststellen lässt. Aus Fakten allein aber lassen sich keine Normen ableiten. So lässt sich auch allein aus dem Faktum, dass Menschen, die Kinder verprügeln, diesen Schmerzen zufügen, keineswegs ableiten, dass Menschen Kinder nicht verprügeln sollen. Wir benötigen für die Ableitung vielmehr die weitere Prämisse, dass Menschen Kindern keine Schmerzen zufügen sollen. Und diese Prämisse ist selbst eine Norm, die – jedenfalls philosophisch betrachtet – der Begründung bedarf. Und genauso ist auch die verbreitete Einstellung, dass man den in seiner Gesellschaft zur Zeit sozial geltenden Moralnormen zustimmen soll, selbst eine Norm oder Forderung, die der Begründung bedarf.

Bei konsequentem Denken jedoch wird kaum jemand diese Norm ernsthaft als Moralnorm vertreten wollen. Denn eine Moralnorm muss sich, wie oben dargestellt (S. 13 f.), in dem Sinne verallgemeinern lassen, dass sie sich nicht nur an die Bürger einer bestimmten (zum Beispiel der eigenen) Gesellschaft richtet. Das aber bedeutet, dass jemand, der die derzeit sozial geltenden Moralnormen der *eigenen* Gesellschaft für prinzipiell zustimmungswürdig seitens der Bürger dieser Gesellschaft erklärt, damit auch die sozial geltenden Moralnormen *jeder* Gesellschaft für prinzipiell zustimmungswürdig seitens der Bürger der betreffenden Gesellschaft erklärt. Dazu aber dürfte kaum jemand ernsthaft bereit sein. Sonst müsste er ja die Norm vertreten, dass etwa auch der Bürger im «Dritten Reich» der nationalsozialistischen Moral oder der Bürger in einer vom religiösen Fanatismus dominierten Gesellschaft dieser fanatischen Moral zustimmen sollte.

Dass die Menschen, wie gesagt, sowohl innerhalb einer

Gesellschaft als auch in verschiedenen Gesellschaften zum Teil recht unterschiedliche Moralnormen vertreten, hat für die Begründungsfrage dieser Normen keine unmittelbare Konsequenz. Denn die Menschen bilden ihre Urteile häufig nicht auf eine rationale Weise. Das gilt für ihre normativ-moralischen ebenso wie für ihre empirischen oder ihre metaphysischen Urteile. Nicht selten kommen die Menschen sogar im Ergebnis zu dem *richtigen* Urteil, ohne bei der Bildung dieses Urteils eine wirklich begründete Methode anzuwenden. Genau dies ist etwa der Fall, wenn die Menschen aus bloßer Anpassung einer Norm wie dem Diebstahlsverbot zustimmen.

Rein logisch betrachtet, kommen vier verschiedene Antworten auf die Begründungsfrage von Moralnormen in Betracht. Erstens ist es möglich, dass es den Menschen und ihren individuellen Interessen vorgegebene *inhaltliche Moralnormen* gibt, die wir als objektiv verbindlich unmittelbar erkennen und insofern auch als intersubjektiv für jedermann begründet betrachten können. Zweitens ist es möglich, dass es ein einziges den Menschen und ihren individuellen Interessen vorgegebenes *formales Verfahrensprinzip* gibt, das wir als unverzichtbar für jede Moralbegründung erkennen und aus dem wir die entsprechenden inhaltlichen Moralnormen als objektiv verbindlich ableiten können. Drittens ist es möglich, dass sich bestimmte Moralnormen dadurch begründen lassen, dass sie den rational aufgeklärten *Interessen aller Menschen* dienen und insofern einen intersubjektiv überzeugenden Grund darstellen, sich für die soziale Geltung dieser Normen einzusetzen. Und viertens ist es möglich, dass sich überhaupt keine intersubjektive Begründung für Moralnormen finden lässt und dass die Zustimmung zu bestimmten Moralnormen lediglich eine Sache der persönlichen Einstellung jedes Einzelnen ist. Wenn Letzteres der Fall ist, dürften wir allerdings überhaupt keine Moralnormen mit ihrem typischen Anspruch auf allgemeine Zustimmung mehr vertreten, sondern müssten uns damit begnügen, unsere jeweils subjektiven Vorlieben zu propagieren.

Nach den beiden ersten Konzepten der Moralbegründung sind Moralnormen prinzipiell ein Gegenstand menschlicher Erkenntnis. Sie sind dem Menschen und seinen Bedürfnissen, Wünschen, Zielen und Interessen in der Weise vorgegeben, dass er sie – entweder unmittelbar in ihrem Inhalt oder mittelbar mithilfe eines feststehenden Verfahrensprinzips – als objektiv verbindlich verstandesmäßig erfassen kann. Nach dieser objektivistischen, auf reine Erkenntnis setzenden Sichtweise der Moralbegründung gibt es somit – außer den in einer Gesellschaft de facto anerkannten, positiv geltenden Moralnormen – auch vorpositiv geltende Moralnormen, die unabhängig von ihrer tatsächlichen sozialen Geltung von den Menschen, sofern diese aufgeklärt sind und sich rational verhalten, in entsprechende sozial geltende Normen umgesetzt werden müssen.

Nicht nachvollziehen kann ich, wenn von Moralphilosophen die bloße *Kohärenz* mehr oder weniger verbreiteter Moralnormen bzw. moralischer Einstellungen zum ausreichenden Maßstab moralischer Erkenntnis erklärt wird. Denn völlig unterschiedliche moralische Normenkomplexe oder Normenordnungen können in dem Sinn kohärent sein, dass ihre jeweiligen Normen in einem widerspruchsfreien, systematischen Zusammenhang zueinander stehen.

Als außerordentlich kohärent stellt sich zum Beispiel die bis ins Detail ausgearbeitete traditionelle Sexualmoral der katholischen Kirche dar. Mangelnde Kohärenz wird man wohl auch der intoleranten Moral der islamischen Fundamentalisten oder der rassistischen Moral der Nationalsozialisten kaum vorwerfen können. Sowohl eine egoistische als auch eine utilitaristische Moral sind in kohärenter Form vertretbar und auch vertreten worden. Das bedeutet: So wichtig Kohärenz im Sinn von Widerspruchsfreiheit und systematischem Zusammenhang als *notwendige* Bedingung jeder Moralbegründung auch sein mag, eine *hinreichende* Bedingung ist sie gewiß nicht. Die entscheidende Frage – die Frage nämlich nach der eigentlichen Basis unserer moralischen Urteile und Einstellungen – lässt die Kohärenzthese unbeantwortet.

Im nun folgenden Hauptteil dieses Buches werden in den Kapiteln 2 und 3 die wichtigsten Versionen des inhaltlich ausgerichteten Konzeptes und in den Kapiteln 4, 5 und 6 die wichtigsten Versionen des verfahrensmäßig ausgerichteten Konzeptes einer objektivistischen Moralbegründung behandelt. Ich werde im Einzelnen zu zeigen versuchen, dass alle diese Versionen einer sorgfältigen Kritik nicht standhalten.

Stattdessen werde ich in den Kapiteln 7 und 8 für eine interessenfundierte Moralbegründung plädieren. Zu diesem Zweck muss in Kapitel 7 zunächst der Begriff des Interesses geklärt werden. Dann muss gezeigt werden, dass es tatsächlich Moralnormen gibt, die im Interesse (so gut wie) aller Menschen liegen und deshalb von allen Menschen vernünftigerweise vertreten werden. In Kapitel 8 geht es dann um die Frage, ob jedes Individuum gute Gründe hat, sich nicht nur für die soziale Geltung bestimmter, im allseitigen Interesse liegender Moralnormen einzusetzen, sondern diese Moralnormen auch selber regelmäßig zu befolgen.

Nach alledem halte ich zwar eine intersubjektive Moralbegründung auf *objektiver* Basis nicht für möglich, will damit aber gleichwohl nicht für eine Absage an jede Moralbegründung plädieren. Ich glaube nämlich zeigen zu können, dass es durchaus eine intersubjektive Moralbegründung auf *subjektiver* Basis gibt: die Begründung von Moralnormen, deren soziale Geltung im subjektiven Interesse (so gut wie) aller Menschen liegt. Anstatt für eine objektivistische Moralbegründung plädiere ich im Folgenden also für eine interessenfundierte, subjektivistische Moralbegründung.

2. Gibt es ein Naturrecht?

Falls es inhaltlich feststehende, dem Menschen vorgegebene Moralnormen gibt, muss es eine außerempirische Wirklichkeit geben, in der diese Normen existieren und vom Menschen erkannt werden können. Die traditionell am weitesten verbreitete Form dieser Sichtweise ist das Naturrechtsdenken. Das Naturrechtsdenken, das gewöhnlich die Erkennbarkeit von Normen der Moral ebenso wie des Rechtes annimmt, geht vor allem auf Aristoteles zurück.[1]

Nach Aristoteles wird die Natur nicht nur von kausalen (ursächlichen), sondern auch von finalen (zielgerichteten) Gesetzmäßigkeiten bestimmt. Dies trifft insbesondere auf die lebende Natur zu. Die normalen Entwicklungsabläufe jedes Lebewesens sind auf gewisse, in der Natur dieses Lebewesens angelegte Ziele hin orientiert, denen sie dienen. So dient etwa der Umstand, dass ein Baum sich dem Licht zuwendet, seinem Wachstum; und dass eine Schwalbe ein Nest baut, dient der Aufzucht ihrer Jungen.

Eine individuelle Schwalbe, die kein Nest baut, verhält sich entgegen den natürlichen Zielen ihrer Art. Ihr Verhalten ist deshalb «unnatürlich» und damit ein Fehlverhalten. Dass solches Fehlverhalten unter Lebewesen gelegentlich vorkommt, dass die Natur selbst also ihre Ziele nicht jederzeit erreicht, steht für Aristoteles nicht im Widerspruch zu dieser Sichtweise. Nicht der tatsächliche Ablauf des Geschehens im

Einzelfall ist der Maßstab des Natürlichen, sondern jener Ablauf, der für die Art des betreffenden Lebewesens unter normalen Bedingungen typisch ist.

Nach naturrechtlicher Sichtweise unterliegt somit auch das menschliche Verhalten – entsprechend dem Verhalten jedes anderen Lebewesens – ganz bestimmten natürlichen Zielen. Im Unterschied zu allen anderen Lebewesen hat dabei der Mensch die Fähigkeit, erstens die seiner Natur innewohnenden Ziele zu erkennen und zweitens sein Verhalten *bewusst* nach diesen Zielen auszurichten. Der Mensch kann sich also frei entscheiden, ob er seiner Natur gemäß bzw. «natürlich» leben will oder nicht.

Die Maßstäbe der menschlichen Natur, also die Normen des Naturrechts, erfassen sowohl das selbstbezogene Verhalten des Menschen als auch sein Sozialverhalten. Das, was jedes menschliche Individuum tun soll (im umfassenden Sinn des Wortes), ist nach dieser Sichtweise identisch mit dem, was für die menschliche Spezies insgesamt als das Normale und Naturgemäße – als das «Natürliche» – betrachtet werden muss.

Diese naturrechtliche Position verdient nicht zuletzt deshalb unsere Beachtung, weil sie keineswegs auf Berufsphilosophen beschränkt ist. Sie bildet vielmehr, vermittelt durch den Aristoteliker und berühmten Kirchenlehrer Thomas von Aquin, bis heute die Grundlage der offiziellen Sittenlehre der katholischen Kirche. Ja, sie begegnet uns sogar im moralischen Alltagsdenken nicht weniger Menschen, die weder durch philosophische noch durch religiöse Lehren unmittelbar beeinflusst sind. Betrachten wir die folgenden Beispiele.

Im *Katechismus der katholischen Kirche* aus dem Jahr 1993 heißt es zur Begründung der kirchlichen Moralnorm, dass homosexuelle Handlungen «nicht in Ordnung» und «in keinem Fall zu billigen» sind: «Sie verstoßen gegen das natürliche Gesetz, denn die Weitergabe des Lebens bleibt beim Geschlechtsakt ausgeschlossen.»[2] Mit anderen Worten: Weil sexuelle Handlungen, wie sie normaler- oder typischerweise von Angehörigen der menschlichen Spezies vollzogen werden, heterosexuelle Handlungen sind, die zur Zeugung eines Kindes führen (oder jedenfalls führen können), sind nur diese Handlungen der menschlichen Natur gemäß und im Einklang stehend mit dem «natürlichen Gesetz». Homosexuelle Handlungen dagegen, auf die diese Bedingung nicht zutrifft, sind naturwidrig und deshalb als Verstöße gegen das Naturrecht verboten.

Bei einem Großteil unserer Bevölkerung würde eine derartige Ablehnung der Homosexualität zwar heute keine Zustimmung mehr finden. Gleichwohl ist die naturrechtliche Sichtweise als solche nach wie vor weit verbreitet. Um das zu sehen, brauchen wir unser Beispiel nur ein wenig abzuwandeln. Wie würde der Normalbürger in unserer Gesellschaft wohl auf sexuelle Handlungen von Menschen an Tieren reagieren? Vermutlich würden nicht wenige Leute durchaus sagen, solche Handlungen seien moralisch «nicht in Ordnung» – mit der Begründung, es sei «nicht normal», es sei «unnatürlich», wenn ein Mensch bei einem Tier sexuelle Befriedigung sucht.

Es ist nun vermutlich wohl der Fall, dass sexuelle Handlungen an Tieren erheblich seltener sind als sexuelle Handlungen unter Gleichgeschlechtlichen. Dies ändert jedoch überhaupt nichts daran, dass jedenfalls nach *naturrechtlicher* Sichtweise das eine Verhalten ebenso naturwidrig und aus diesem Grunde falsch ist wie das andere. Wer die naturrechtliche Sichtweise der Ethik teilt, muss konsequenterweise beide Verhaltensweisen verurteilen. Es ist in sich widersprüchlich, sich in dem einen Fall eines Argumentes zu bedienen, das man in dem anderen Fall (etwa aus Anpassung an den Zeitgeist) ablehnt. Wer in diesem Zusammenhang philosophisch denkt, muss so verfahren, dass er die naturrechtliche Sichtweise *als solche* auf den Prüfstand stellt.

Es gibt mehrere Gesichtspunkte, die gegen jede naturrechtliche Form von Normbegründung sprechen. Zunächst einmal ist es alles andere als einfach, überhaupt einen *Sinn* mit der Redeweise von Zielen oder Zwecken, die die Natur hat, zu verbinden. Gewöhnlich sprechen wir ja Ziele oder Zwecke nur *Lebewesen* zu, die zudem mit einem Bewusstsein ausgestattet sind. So würden wir etwa sagen, dass Hans in die Alpen fährt mit dem Ziel, dort Ski zu laufen; das Skilaufen ist also Ziel oder Zweck seiner Reise. Oder wir würden sagen, dass ein Hund zum Gartentor läuft, um dort seinen Herrn zu begrüßen.

Was aber soll es bedeuten, von der Natur als solcher – ganz unabhängig von den einzelnen Lebewesen in ihr, die ihre jeweils eigenen Ziele verfolgen – zu sagen, dass sie, die Natur, Ziele oder Zwecke verfolgt, also mit Absicht etwas in Gang setzt, um damit etwas Bestimmtes zu erreichen? Nur wenn diese Redeweise einen klaren Sinn ergibt, können wir auch mit dem naturrechtlichen Kriterium, der Mensch solle sich in seinen eigenen Zielsetzungen an den «natürlichen» Zielen orientieren, indem er beispielsweise Nachwuchs zeugt, einen Sinn verbinden.

Um der Natur als solcher Ziele zuschreiben zu können, müssten wir ihr als solcher aber offenbar auch ein Bewusstsein zuschreiben. Es lässt sich nun tatsächlich nicht von vornherein vollkommen ausschließen, dass wir genau dies auch wirklich tun müssen. Vielleicht können wir unseren vielfältigen Erkenntnissen und Erfahrungen im Umgang mit der Natur gar nicht angemessen Rechnung tragen, ohne ihr – sei es ihr selbst oder einem für sie verantwortlichen Schöpfer – so etwas wie ein Bewusstsein zuzuschreiben. Wir wollen diese schwierige Frage, deren Erörterung in metaphysische Gefilde führt, hier jedoch auf sich beruhen lassen. Die entscheidenden Einwände gegen die naturrechtliche Sichtweise der Normbegründung sind nämlich von ihr unabhängig; sie greifen auch dann, wenn man bereit ist, die genannte Voraussetzung zu akzeptieren.

Die Frage, von deren Beantwortung offenbar jede Erkenntnismöglichkeit naturrechtlicher Normen abhängt, lautet: Wie lässt sich im Einzelnen herausfinden, ob ein bestimmtes menschliches Verhalten in dem angeführten Sinn «unnormal» oder «unnatürlich» – und damit auch moralisch unerlaubt – ist oder nicht? Gewöhnlich betrachtet der Naturrechtler (ob Philosoph oder Laie), wie schon angedeutet, das als «unnormal» und damit unerlaubt, was die allermeisten Menschen weder tun noch zu tun geneigt sind. Und von diesem Kriterium werden zum Beispiel gewisse sexuelle Verhaltensweisen wie die oben genannten ja auch tatsächlich erfasst. Warum aber wird von dem Naturrechtler nicht etwa auch das Cembalospielen oder das Lesen philosophischer Bücher als «unnormal» eingestuft? Offenbar hat der Naturrechtler gegen diese Verhaltensweisen, obschon auch sie nur bei ausgesprochenen Minderheiten in der Bevölkerung vorkommen oder Anklang finden, keine moralischen Einwände.

Vielleicht würde der Naturrechtler entgegnen, diese Verhaltensweisen seien von mir in einer zu speziellen Weise definiert. Es gehöre durchaus zur Natur des Menschen, sich auf *irgendeine* Weise eben auch ästhetisch sowie theoretisch oder kontemplativ zu betätigen; die spezielle Weise der Betätigung sei dabei den besonderen Anlagen und Wünschen des jeweiligen Individuums überlassen. Diese Entgegnung aber hilft dem Naturrechtler nicht aus der Klemme. Denn mit derselben Berechtigung kann man sagen, zur Natur des Menschen gehöre es, sich auf *irgendeine* Weise sexuell zu betätigen; die spezielle Weise der Betätigung aber sei dem Einzelnen überlassen. Wenn der Naturrechtler aber wirklich nur solche sexuellen Handlungen als «natürlich» einstufen wollte, die der «Weitergabe des Lebens» dienen können, so müsste er ja auch den heterosexuellen Verkehr von Menschen jenseits eines bestimmten Alters verurteilen.

Es lässt sich nicht übersehen: Der Naturrechtler ist in Wirklichkeit gar nicht bereit, alle Handlungen, die «unnormal» (im oben angeführten, deskriptiven Sinn des Wortes) sind, auch als «unnatürlich» (im normativen Sinn des Wortes) einzustufen und dementsprechend zu verurteilen. Er trifft unter diesen Handlungen vielmehr eine ganz bestimmte Auswahl, ohne jedoch ein allgemein nachvollziehbares Kriterium für diese Auswahl anzugeben. Insbesondere bleibt völlig im Dunkeln, in welchem genauen Zusammenhang seine moralische Verurteilung bestimmter Handlungen mit der Natur des Menschen, so wie diese empirisch erfassbar ist, eigentlich steht. Man kann sich des Eindrucks nicht erwehren, dass dem Naturrechtler sein Ansatz lediglich als Mittel dient, um gewissen Moralnormen, die er – in einer gewissen Tradition oder Weltanschauung stehend – nicht hinterfragen möchte, den Anschein einer objektiven Legitimität zu geben.

Aber selbst wenn der Naturrechtler sein Kriterium des Normalen oder Naturgemäßen konsequent zur Anwendung bringen würde, wäre damit der folgende Einwand gegen das Naturrechtsdenken immer noch nicht ausgeräumt. Er lautet:

Was spricht denn eigentlich dafür, in allem der Natur zu folgen? Gibt es nicht sehr typische und insofern durchaus «natürliche» Abläufe im menschlichen Leben, die wir gewöhnlich keineswegs als Richtschnur unseres Handelns nehmen, sondern vielmehr geradezu bekämpfen? Ich denke hier besonders an den unvermeidlichen Alterungsprozess jedes Menschen, der mit einer Vielzahl von körperlichen und geistigen Einschränkungen und oft auch Krankheiten verbunden ist und nichts anderes als den Tod zum «natürlichen Ziel» zu haben scheint. Ist es etwa moralisch anfechtbar, weil naturwidrig, diesen zielgerichteten natürlichen Prozess (etwa durch Zufuhr künstlicher Wirkstoffe) zu verlangsamen und damit – im bewussten Kampf gegen den natürlichen Verfall – ein möglichst hohes Alter in körperlicher und geistiger Frische zu erreichen? Und sind überdies nicht gewisse Krankheiten in einigen Regionen dieser Welt aus Klimagründen schon im Kindesalter so verbreitet, dass sie dort durchaus als «natürlich» zu betrachten sind? Sollen wir jedoch deshalb diese Krankheiten ohne weiteres hinnehmen oder sogar fördern, anstatt sie zu bekämpfen und wenn möglich auszurotten?

Sicher gibt es auch viele zielgerichtete Prozesse in der Natur, die wir als Menschen förderungswürdig finden und unterstützen. Man denke etwa an das Entstehen und Wachsen von Pflanzen, die wir zu unserer Ernährung nutzen. Aus der bloßen Tatsache, dass ein Vorgang «natürlich» ist, folgt aber niemals automatisch eine Norm, wonach wir diesen Vorgang unterstützen oder uns ihm anpassen sollen. Die naturrechtliche Sichtweise der Moralbegründung kann nach alledem nicht überzeugen.

3. Wie verlässlich sind «unsere Intuitionen»?

Die zweite Sichtweise, nach der es dem Menschen inhaltlich vorgegebene, als objektiv verbindlich erkennbare Moralnormen gibt, ist der sogenannte Intuitionismus. Nach Auffassung des Intuitionismus kann der Mensch gewisse Moralnormen durch eine spezielle Fähigkeit auf intuitivem Weg erfassen; er verfügt über die Fähigkeit der Intuition des moralisch objektiv Gesollten.

Eine Intuition ist nach üblichem Sprachgebrauch eine unmittelbare, nicht auf Reflexion beruhende Annahme oder Einsicht. Es stellen sich also beim Menschen, so der Intuitionismus, bei bestimmten Gelegenheiten innere Einsichten oder Intuitionen ein, die ihm sagen, ob eine bestimmte Handlung oder Handlungsweise moralisch geboten ist oder nicht.

Insofern wird der Intuitionismus in der Regel mit einer ganz bestimmten Interpretation der Tatsache verbunden, dass die allermeisten Menschen offenbar so etwas wie ein «Gewissen» haben, dass sie also bestimmte moralische Einstellungen gleichsam gespeichert haben und ohne weiteres abrufen können. Der Intuitionist, der Anhänger des moralphilosophischen Intuitionismus, tut nun gewöhnlich zweierlei: Erstens behauptet er, dass die Menschen ihr Gewissen nach ihrem eigenen Selbstverständnis wesentlich im Sinn der intuitionistischen Auffassung erleben. Und zweitens behauptet er, dass die Menschen mit diesem Selbstverständnis, wonach ihre moralischen Einstellungen das Ergebnis einer intuitiven Erfassung vorpositiv geltender, in einer außerempirischen Realität existenter Moralnormen sind, genau das Richtige treffen. Was ist von diesen beiden Behauptungen zu halten?

Die erste Behauptung ist eine empirische Behauptung psychologischer Natur. Umfassende Untersuchungen zu ihrer Überprüfung scheint es nicht zu geben. Jeder Leser sollte sich deshalb selber fragen, ob er die normalen Einstellungen seines eigenen Gewissens wirklich in einem intuitionistischen Sinn auffasst. Ich halte es aufgrund von Alltagserfahrung nicht für plausibel, dass der Intuitionist mit seiner sehr pauschalen psychologischen These Recht hat. Ich vermute vielmehr, dass die Menschen ihr Gewissen – je nach kulturellem Hintergrund, Erziehung, Bildungsstand und Weltanschauung – im Einzelnen recht unterschiedlich erleben und deuten. So wie die Gewissen*inhalte* verschiedener Menschen in vielem nicht identisch sind, so scheint auch das Verständnis des Gewissens*phänomens* als solchen aus ähnlichen Gründen zu variieren.

In gewissem Maße spiegeln sich, so scheint mir, in den unterschiedlichen Deutungen dieses Phänomens innerhalb der Bevölkerung gewisse, jeweils entsprechende philosophische Positionen zum Problem der Moralbegründung – wenngleich auf einer meistens nicht sehr reflektierten Ebene und ausgedrückt in einer laienhaften Redeweise. Wenn man unvoreingenommen hinschaut, so findet man das Pendant zur naturrechtlichen Sichtweise ebenso vertreten wie das Pendant zur intuitionistischen Sichtweise oder das Pendant zu einer gewissen subjektivistischen Sichtweise. Es mag sein, dass dabei in der heutigen Gesellschaft das Pendant zur intuitionistischen Sichtweise am häufigsten vertreten ist.

Schon wegen der vorhandenen Deutungsvielfalt des Gewissensphänomens ist dieses, zumindest so, wie es für gewöhnlich verstanden wird, zur Stützung einer philosophischen Theorie der Normbegründung kaum geeignet. Doch selbst wenn das Gewissensphänomen nach einem nahezu einheitlichen Selbstverständnis der Menschen im Sinn des Intuitionismus zu deuten wäre, so würde dies den Intuitionismus als philosophische Position nicht hinreichend untermauern. Dies mag eine parallele Argumentation aus dem ästhetischen Bereich verdeutlichen: Selbst wenn es der Fall ist, dass praktisch jedermann seine ästhetischen Alltagsurteile (etwa dass Rosen schön oder dass Ratten hässlich sind) als wahr ansieht, so lässt dies doch die philosophische Frage, ob es tatsächlich wahre ästhetische Sätze und damit ästhetische Erkenntnis gibt, völlig offen.

Wir wollen uns nun der eigentlich philosophischen Frage zuwenden, ob der Intuitionismus als Theorie der Gewinnung moralischer Erkenntnis haltbar ist. Man kann verschiedene Versionen des Intuitionismus unterscheiden. Nach einer Version sind es stets individuelle Normen, nach einer anderen Version sind es – jedenfalls primär – generelle Normen, die sich auf intuitivem Weg erkennen lassen. Die erste Version ist schon mit der üblichen Praxis unserer moralischen Urteilsbildung kaum vereinbar.

Betrachten wir zunächst folgendes Beispiel: Ich sehe, wie in einem Bach ein Kleinkind zu ertrinken droht. Mein Gewissen sagt mir, dass ich das Kind retten soll – obschon ich dadurch das Konzert verpasse, zu dem ich unterwegs bin. In einem Fall wie diesem scheint tatsächlich einiges dafür zu sprechen, mein Gewissensurteil wie folgt zu interpretieren: In demselben Augenblick, in dem ich die optische Wahrnehmung habe, dass ein Kind zu ertrinken droht, stellt sich bei mir automatisch auch die moralische Einsicht oder «Intuition» ein, dass ich das Kind retten soll. Durch beide Wahrnehmungen gewinne ich Erkenntnis – durch die erste empirische Erkenntnis, durch die zweite moralische Erkenntnis.

Es gibt nach dieser Deutung des moralischen Gewissens so etwas wie einen sechsten Sinn, einen Sinn speziell moralischer Art, der uns im konkreten Einzelfall intuitiv erfassen und damit erkennen lässt, wie wir handeln sollen. Ich «sehe» gleichsam, dass ich aufgerufen bin, das Kind zu retten.

Betrachten wir nun aber das folgende Beispiel: Ich sehe, wie vor einem Supermarkt ein Mann M eine junge Frau F, die sich wehrt, mit Gewalt festhält. Bei dieser optischen Wahrnehmung stellt sich bei mir – entsprechend wie im vorigen Beispiel – spontan die moralische «Intuition» ein, dass der Mann die Frau nicht gegen ihren Willen festhalten darf und dass jemand ihr zu Hilfe kommen soll. Ist diese moralische «Intuition» aber ebenso *verlässlich* wie im vorigen Beispiel? Nehmen wir an, bald nach meiner Wahrnehmung trifft ein Polizist ein, und der Fall klärt sich wie folgt auf: Kurz zuvor hatte F an dem neuwertigen Fahrrad, das M vor dem Supermarkt abgestellt hatte, das Schloss aufgebrochen, um das Fahrrad zu stehlen. Im letzten Moment konnte M dies verhindern und hielt nun F fest, bis die alarmierte Polizei eintraf. Das aber bedeutet: Die Gewaltanwendung von M gegenüber F war nach Lage der Dinge durchaus legitim. Meine moralische Einsicht oder «Intuition» war offensichtlich vorschnell und unzutreffend.

Das Beispiel zeigt uns Folgendes: Es ist in manchen Fällen gar nicht möglich, durch eine unmittelbare «Intuition» eine Situation in angemessener Weise moralisch zu beurteilen. Zu einer angemessenen moralischen Beurteilung benötigen wir in diesen Fällen vielmehr ein Hintergrundwissen, das über den Inhalt einer einzelnen Sinneswahrnehmung weit hinausgeht. Nicht selten ist es ganz unmöglich, die moralische Qualität konkreter Handlungen ohne eine sehr weitreichende Faktenkenntnis zu beurteilen. Kann man jemals etwa durch eine einzelne Wahrnehmung definitiv feststellen, wer der rechtmäßige Eigentümer eines bestimmten Gegenstandes ist? Die generelle These, zwischen moralischer Beurteilung und unvermittelter sinnlicher Wahrnehmung bestehe eine enge Analogie, ist also schon aus diesem Grund verfehlt. Die konkreten Moralurteile, die wir abgeben, sind in der Art ihres Zustandekommens häufig völlig unvergleichbar mit unseren Wahrnehmungsurteilen wie zum Beispiel dem, dass ein bestimmtes Tier, an dem wir im Zoo vorbeigehen, ein Elefant ist, oder dem, dass eine bestimmte Verkehrsampel, vor der wir warten, Rot zeigt.

Wie steht es nun um die zweite Version des Intuitionismus, nach der es primär generelle Moralnormen sind, die wir auf intuitivem Weg erkennen können? Nach dieser Version besitzen wir auch unabhängig von unserer Konfrontation mit einem Einzelfall ein bestimmtes intuitives «Wissen» von einer Reihe von Moralnormen, die uns als generelle Maßstäbe des Verhaltens dienen können. Diese generellen Verhaltensmaßstäbe hält unser Gewissen als festen Bestand moralischer Erkenntnis für uns parat, wenn wir im konkreten Fall vor einer moralischen Frage stehen.

Diese Version des Intuitionismus ist offensichtlich dem oben vorgebrachten Einwand nicht ausgesetzt. Denn sie ist ja durchaus damit vereinbar, dass in die Vertretung einer individuellen Moralnorm häufig eine Fülle relevanten Hintergrundwissens eingeht. So «wissen» wir, dass wir etwa nicht stehlen, nicht lügen oder ein Versprechen nicht brechen dürfen, obschon wir dem uns begegnenden Einzelfall vielleicht nicht ohne weiteres ansehen, ob er als Diebstahl, als Lüge oder als Bruch eines Versprechens zu qualifizieren ist. Es sind nach dieser Sichtweise also gewisse generelle Basisnormen, die wir intuitiv erfassen, um sie dann auf den jeweiligen Einzelfall unter Heranziehung des relevanten Faktenwissens zur Anwendung zu bringen.

Doch auch diese Version des Intuitionismus ist nicht haltbar – und zwar aus den folgenden Gründen, die den Kern der intuitionistischen Sichtweise schlechthin und damit den Intuitionismus in allen seinen Versionen betreffen.

Betrachten wir das Beispiel einer angeblich vorpositiv geltenden Moralnorm wie der, dass man nicht lügen soll. Damit der entsprechende Normsatz «Man soll nicht lügen» tatsächlich als wahr bezeichnet werden kann, müssten sämtliche Lügen in einer eigenen Art der Realität eine Eigenschaft des Nichtgesolltseins besitzen. Dieselbe Eigenschaft müsste außerdem auch noch einer ganzen Reihe weiterer Handlungsweisen – etwa sämtlichen Diebstählen – anhaften, während andere Handlungsweisen – etwa das Lesen von Büchern – von ihr frei wären. Wie haben wir uns eine solche Eigenschaft des Nichtgesolltseins, die einigen Handlungsweisen anhaftet und anderen nicht, genauer vorzustellen?

Angenommen, A wird von heute auf morgen als «Quereinsteiger» Spitzenpolitiker in einer modernen Demokratie. Sehr schnell lernt er, dass ihm seine bisherige Akzeptanz des Lügeverbots im politischen Umgang eher schadet. Er hält es deshalb für vernünftig, dem Vorbild seiner Kollegen zu folgen und das Lügeverbot, soweit es sein Berufsleben betrifft, aus dem Kodex seiner moralischen Einstellungen zu streichen. Skrupel oder Gewissensbisse hat er hierbei nicht, da er sich ja nur einer allgemeinen Praxis anpasst. Wie ist dieser Vorgang zu deuten? Ist es etwa so, dass A jene Eigenschaft des Nichtgesolltseins, die er bis vor kurzem noch am Lügen schlechthin «erkannte», jetzt nur noch am Lügen im außerpolitischen Umgang «erkennt»? Diese Deutung wäre aus den folgenden Gründen wenig überzeugend. Nicht nur an As allgemeinem Erkenntnisvermögen hat sich nichts geändert. Auch im Gesamtbereich dessen, was A für sich als gesollt betrachtet, ist es bei der einen Änderung geblieben. Wieso «erkennt» er ausgerechnet und ausschließlich das Lügeverbot (in seiner bisherigen Tragweite) plötzlich nicht mehr?

Ist es nicht statt seines *Erkennens* vielmehr sein *Wollen* (seine praktische Einstellung auf dem Hintergrund seiner Interessen), das sich mit As Einstieg in die Politik in diesem Punkt geändert hat? Natürlich war bei dieser Änderung der praktischen Einstellung auch das Erkennen nicht ganz unbeteiligt. A hat offenbar erkannt, dass das Lügeverbot trotz weitgehender allgemeiner Geltung in unserer Gesellschaft im Bereich der Politik kaum akzeptiert wird und dass es deshalb für ihn nicht opportun ist, wenn er selber als Politiker an diesem Verbot festhält. Diese Erkenntnis aber ist empirischer Natur und muss von der «Erkenntnis» des objektiven Begründetseins bzw. der Existenz einer vorpositiven Norm des Lügeverbots strikt unterschieden werden. Wir kommen zu dem Schluss: Nicht für den Intuitionisten, für den Moralnormen Gegenstand unserer Erkenntnis sind, sondern für den Vertreter der Gegenposition, wonach Moralnormen von unseren Interessen bestimmt sind, ist es problemlos möglich, für As Einstellungswandel in Sachen Lüge eine zwanglose Deutung und Erklärung zu finden.

Unserer *Erkenntnis* scheint eine objektive Realität, in der gewisse Handlungsweisen (wie das Lügen) verboten und andere Handlungsweisen (wie das Lesen von Büchern) erlaubt sind – selbst wenn diese Realität irgendwo auf mysteriöse

Weise existieren sollte –, jedenfalls nicht zugänglich zu sein. Entscheidend ist: Es fehlt an einer jedermann zugänglichen *Methode*, mit deren Hilfe wir unsere jeweiligen «Intuitionen» des moralisch Gesollten als Erkenntnis ausweisen und zwischen einer Norm, die vorpositiv existiert, und einer Norm, die vorpositiv nicht existiert, verlässlich unterscheiden können.

Betrachten wir die folgenden Beispiele aus dem Anwendungsbereich unserer vielleicht wichtigsten Moralnorm: «Man soll nicht töten». Darf man einen Menschen im Wege der Todesstrafe töten? Darf eine Frau ihren Embryo, der ihr unerwünscht ist, töten? Darf ein Arzt seinen Patienten töten, der ihn, weil er schwer und unheilbar leidet, um Sterbehilfe bittet? Darf man unter Bedingungen der Notwehr töten, um einen Angriff lediglich auf sein Eigentum abzuwehren? Darf man bei einem kriegerischen Vorgehen gegen Diktatoren oder Terroristen den Tod zahlreicher unschuldiger Zivilisten in Kauf nehmen? Darf man Tiere zum Fleischverzehr töten?

Zu allen diesen Fragen gibt es in unserer gegenwärtigen Welt sehr widersprüchliche «Intuitionen»; und manches, was die eine Gesellschaft mehrheitlich für richtig hält, hält eine andere Gesellschaft mehrheitlich für falsch. Beschränken wir uns im Folgenden auf die beiden erstgenannten Beispiele. (Der Leser sei aufgefordert, sich entsprechende Gedanken auch über die übrigen Beispiele zu machen und sich noch weitere Beispiele ähnlicher Art auszudenken.)

Die offenkundig widersprüchlichen «Intuitionen» verschiedener Individuen bzw. Gesellschaften zur Todesstrafe und zur Abtreibung brauchten den Vertreter des Intuitionismus sicher dann nicht weiter zu beunruhigen, wenn sich zeigen ließe, dass es sich bei den betreffenden Normen lediglich um abgeleitete Normen handelt und dass die vorhandenen

Meinungsdifferenzen allein auf unterschiedlichen Annahmen über relevante empirische Fakten beruhen. Dies ist jedoch, was Todesstrafe und Abtreibung angeht, kaum der Fall. So gehen die unterschiedlichen Einstellungen zur Todesstrafe seitens der US-Amerikaner und der Deutschen nicht etwa darauf zurück, dass man von unterschiedlichen Annahmen über die Abschreckungswirkung der Todesstrafe ausgeht. Es ist vielmehr so, dass die einen die «Intuition» haben, dass ein Mörder sein Leben «verwirkt» hat und zur Sühne seiner Tat den Tod verdient, während die anderen die «Intuition» haben, dass die Todesstrafe prinzipiell keine legitime Form der Strafe ist. Und was die Abtreibung betrifft, so sind alle relevanten Fakten über den Embryo und seine Entwicklung längst erforscht und öffentlich bekannt – und trotzdem sind die Kontroversen über die moralische Zulässigkeit der Abtreibung in vielen Gesellschaften bis heute nicht verstummt.

Wie könnte unter diesen Umständen die Methode aussehen, mit deren Hilfe sich zwischen einander widersprechenden «Intuitionen» entscheiden lässt? Wie könnte etwa im Beispielsfall der Todesstrafe die eine Seite der anderen Seite zeigen, dass deren «Intuition» irrig ist? Die Anhänger des Intuitionismus versäumen es leider regelmäßig, eine solche Methode darzulegen. Vielleicht könnte man versuchen zu behaupten, dass «Intuitionen» nur dann als zuverlässig zu betrachten sind, wenn ihr Subjekt sie in einem Zustand der Urteilsfähigkeit und im Bewusstsein unumstößlicher Gewissheit hat. Doch diese Bedingung würde kaum sehr viele der im Widerstreit befindlichen «Intuitionen» wirksam ausschließen. Die einzig wirksame Strategie für einen Vertreter des Intuitionismus scheint hier darin zu bestehen, im Konfliktfall der Partei mit den nach eigener Meinung falschen «Intuitionen» eine Art von *Moralblindheit* zu unterstellen.

Die dieser Bezeichnung zugrunde liegende Analogie zwischen moralischer und optischer Sehfähigkeit ist bei näherer Betrachtung jedoch nicht haltbar. Blinde Menschen können nämlich bekanntlich nichts sehen und sind sich dessen auch durchaus bewusst. «Moralblinde» Menschen jedoch wird man durchaus nicht als *generell* unfähig zu gelungenen moralischen «Intuitionen» betrachten wollen. Denn man hält ja normalerweise keineswegs alle, sondern nur einige ihrer moralischen Einstellungen für falsch. So befürworten gewöhnlich sowohl Anhänger wie Gegner der Todesstrafe übereinstimmend das Verbot etwa von Diebstahl und Lüge. Schlechthin «moralblinde» Menschen scheint es insofern gar nicht zu geben. Die «Moralblindheit», auf die der Intuitionist sich beruft, kann also allenfalls eine partielle Moralblindheit sein.

Danach aber würde dem Moralblinden im Bereich der optischen Wahrnehmung jemand entsprechen, der nicht immer, sondern nur bei ganz bestimmten Gelegenheiten oder in Bezug auf ganz bestimmte Gegenstände eine unzutreffende Wahrnehmung hat. Diese unzutreffende Wahrnehmung würde dann darin bestehen, dass er entweder etwas «sieht», das tatsächlich nicht existiert, oder dass er etwas «nicht sieht», das tatsächlich existiert. Man könnte hier etwa an Halluzinationen auf der einen Seite und an Farbenblindheit auf der anderen Seite denken. Kann eine solche Analogie vielleicht den Intuitionismus retten? Die Antwort ist negativ.

Entscheidend ist der folgende Gesichtspunkt: Wenn jemand sich etwa als farbenblind erweist, so beruht dies auf einem ganz bestimmten Defekt seines Wahrnehmungsapparats – einem Defekt, der im Regelfall sogar ihm selber von

Fachleuten als Defekt einsichtig gemacht werden kann. Und wenn jemand Halluzinationen hat, so kann er sich häufig sogar selber mithilfe eigener Wahrnehmungsdaten eines anderen Sinnes (etwa des Tastsinnes) von der Unrichtigkeit seiner optischen Wahrnehmungen überzeugen. Es gibt also in beiden Fällen im Prinzip eine intersubjektiv verlässliche Methode, zutreffende von unzutreffenden Wahrnehmungen zu unterscheiden. Das Unterscheidungskriterium dieser Methode ist dabei seinerseits – und darauf kommt es an – *unabhängig* von der zu beurteilenden Wahrnehmung selbst!

Eine derartige Methode mit einem derartigen Kriterium aber gibt es im Fall widerstreitender moralischer «Intuitionen» offenkundig nicht. Es ist schlechthin nicht überprüfbar, ob etwa die «Intuition» des durchschnittlichen US-Amerikaners oder die «Intuition» des durchschnittlichen Deutschen in Sachen Todesstrafe zutrifft, das heißt tatsächlich zu moralischer Erkenntnis führt. Es fehlt jede Möglichkeit der Überprüfung moralischer «Intuitionen», die unabhängig ist von diesen «Intuitionen» selbst. Es ist hier nicht nur – wie im Bereich empirischer Wahrnehmung – in diesem oder jenem Einzelfall unter den gegebenen Bedingungen vielleicht schwierig, über gegensätzliche Erkenntnisbehauptungen objektiv zu richten. Es fehlt prinzipiell an einem neutralen Standpunkt, von dem aus zutreffende von unzutreffenden «Intuitionen» unterschieden werden können.

Wenn meine Ausführungen zutreffen und der Intuitionismus insofern abzulehnen ist, dann ist es grob irreführend, etwa in Stellungnahmen zur Angewandten Ethik, einem verbreiteten Usus folgend, seine Argumente auf «Intuitionen» zu stützen. Eine «Intuition» ist nach geltendem Sprachgebrauch stets eine Form von Einsicht oder Erkenntnis. Wer sich zum Zweck der Moralbegründung auf «Intuitionen» beruft, sollte sich auch offen zur intuitionistischen Position bekennen und diese Position argumentativ verteidigen. Wer aber nicht als Anhänger des Intuitionismus betrachtet werden möchte, sollte die Redeweise von moralischen «Intuitionen» aufgeben und stattdessen lediglich von moralischen «Einstellungen» (siehe S. 11) sprechen. Wenn die intuitionistische Moralauffassung falsch ist, dann macht jeder einen Fehler, der irgendwelche moralischen Einstellungen (ob fremde oder eigene) als identisch mit oder beruhend auf moralischen «Intuitionen» bezeichnet.

Als besonders fragwürdig muss es betrachtet werden, wenn Ethiker sich in ihren Stellungnahmen nicht bloß auf ihre persönlichen «Intuitionen», sondern auf «unsere Intuitionen» berufen. Denn damit wird suggeriert, dass die betreffenden moralischen Einstellungen nicht nur mit dem Anspruch auf Erkenntnis vertreten werden können, sondern außerdem auch in inhaltlicher Übereinstimmung von praktisch jedermann vertreten werden. Nun gibt es vermutlich zwar gewisse moralische Einstellungen, in denen «wir» übereinstimmen – so etwa im Verbot von Mord oder Vergewaltigung. Es gibt aber auch zahlreiche moralische Einstellungen, in denen «wir» durchaus nicht übereinstimmen – so etwa, wie gesehen, im Verbot der Todesstrafe oder der Abtreibung.

Natürlich kann und darf man aus jenen Moralnormen, über die «wir» tatsächlich übereinstimmen, Folgerungen ziehen, die damit in einem gewissen, pragmatischen Sinn «für uns begründet» sind. Genau so verfahren wir im Alltag ja häufig. Im eigentlichen, umfassenden Sinn «für uns begründet» sind diese Folgerungen jedoch nur dann, wenn auch die jeweiligen Basisnormen wirklich für uns begründet sind (siehe S. 14). Wenn andererseits jedoch – wie häufig der Fall –

als «unsere Intuitionen» in Wahrheit lediglich die moralischen Einstellungen einer Mehrheit in der Gesellschaft auszumachen sind, so kann die Berufung darauf die betreffenden Moralnormen *für die übrigen Individuen* nicht einmal in einem pragmatischen Sinn begründen!

Nach alledem gelingt es auch dem Intuitionismus – ähnlich wie dem Naturrechtsdenken – nicht, irgendwelche Moralnormen im Wege der Erkenntnis als vorpositiv geltende Normen objektiv zu begründen.

4. Ist Kants kategorischer Imperativ die Lösung?

Moralnormen zeichnen sich, wie wir sahen (S. 13 ff.), dadurch aus, dass ihre Vertretung mit einem Anspruch auf allgemeine Zustimmung verbunden ist. Gibt es aber irgendwelche Normen, bei denen eine allgemeine Zustimmung auf objektiver Basis begründet ist? In den vorangehenden Kapiteln habe ich die Auffassung vertreten, dass sich inhaltlich von vornherein feststehende, der Menschheit vorgegebene Moralnormen jedenfalls nicht erkennen lassen. Dieser Auffassung dürften heute viele Philosophen zustimmen und die These, dass es eine außerhalb des Menschen existente, erkennbare moralische Realität gibt, für unbegründet halten.

Gleichwohl aber behaupten nicht wenige derselben Philosophen, dass eine objektive Moralbegründung möglich sei. Sie stützen diese Behauptung auf die These, dass es jedenfalls ein uns vorgegebenes, rational zwingendes *Verfahrensprinzip* der Moralbegründung gibt, dessen korrekte Anwendung zur Erkenntnis bestimmter Moralnormen führt, die insofern als objektiv begründet gelten können. Dieses Verfahrensprinzip ist in der Sichtweise dieser Philosophen das oberste und einzige Kriterium oder Testprinzip jeder rationalen Moralbegründung.

Es gibt verschiedene Versionen, in denen ein solches Verfahrensprinzip der Moralbegründung vertreten wird. Ihr fundamentaler Ansatz ist jedoch derselbe und kann als eine besondere, erweiterte Form der für Moralnormen charakteristischen Forderung nach *Verallgemeinerung* verstanden werden. Dieser fundamentale Ansatz besagt etwa: Der Vertreter einer Moralnorm muss bei ihrer inhaltlichen Formulierung nicht nur unter Verzicht auf Eigennamen auf allgemeine Kriterien abstellen. Er muss vielmehr auch insoweit von der eigenen Person und Situation absehen, als er in einem umfassenden Sinn einen überpersönlichen Standpunkt einnehmen und seine Entscheidung für die Norm auch aus der Perspektive seiner Mitmenschen fällen muss. Gut zum Ausdruck kommt dieser allgemeine Gedanke in der bekannten, altehrwürdigen Goldenen Regel: «Was du nicht willst, dass man dir tu', das füg' auch keinem andern zu» bzw. in der positiven Version der Bibel: «Was ihr wollt, dass euch die Menschen tun, das sollt auch ihr ihnen tun».[3]

Überschreiten des eigenen Horizontes, Sichhineinversetzen in andere, Unparteilichkeit der Einstellung lauten danach die Voraussetzungen, an denen sich die moralische Urteilsbildung orientieren muss. Im Folgenden werde ich zur Charakterisierung dieser Sichtweise der Moralbegründung vorzugsweise den Begriff der *Unparteilichkeit* verwenden. In diesem und den beiden folgenden Kapiteln wird es um drei besonders prominente Versionen des Prinzips der Unparteilichkeit gehen, und es wird sich zeigen, ob sie dem erhobenen Anspruch, oberstes und einziges Testprinzip jeder Moralbegründung zu sein, genügen können. Dabei wird auch deutlich werden, wie unterschiedlich diese Versionen im Einzelnen sind und dass sie sich auf populäre Fassungen des Prinzips der Unparteilichkeit wie die genannte Goldene Regel nicht reduzieren lassen.

Die bis heute in der Ethik einflussreichste Version des Prinzips der Unparteilichkeit als Basis der Moralbegründung ist der *kategorische Imperativ* Immanuel Kants: «Handle nur nach derjenigen Maxime, durch die du zugleich wollen kannst, daß sie ein allgemeines Gesetz werde».[4] Mit anderen Worten: Handle niemals nach einer Maxime, die du als allgemeines Gesetz nicht wollen kannst. Eine Norm ist danach genau dann objektiv begründet, wenn sie eine Handlung verbietet, von deren Maxime man nicht *wollen kann*, dass sie *allgemein* befolgt wird. Unter einer Maxime ist dabei ein subjektives Prinzip oder Leitziel zu verstehen, dem der Handelnde folgt.

Dieses Prinzip oder Kriterium des kategorischen Imperativs weist bei genauer Betrachtung etliche Interpretationsprobleme auf. Sie hängen nicht zuletzt damit zusammen, dass Kant es in der eigenen Erläuterung des kategorischen Imperativs in wesentlichen Punkten leider an der nötigen Klarheit und Konsistenz fehlen lässt.[5] So behauptet er etwa, dass unter die Maximen, die man als allgemeines Gesetz nicht wollen kann, auch solche fallen, die man als allgemeines Gesetz nicht einmal *denken* kann – ohne für diese Unterart auch nur ein einziges überzeugendes Beispiel zu nennen. Und in einigen seiner Beispiele geht er davon aus, dass es gewisse inhaltliche Handlungsziele gibt, die jeder Mensch einfach vernünftigerweise, weil *naturnotwendig* haben und verfolgen muss – ohne dem Leser einzugestehen, dass er damit im Grunde auf die (in Kapitel 2 erörterte) naturrechtliche Sichtweise der Moralbegründung zurückfällt, die mit seinem Prinzip der Unparteilichkeit eigentlich nichts zu tun hat.

Auf diese und weitere Ungereimtheiten, die in der Kant-Literatur kontrovers behandelt werden, soll hier nicht näher eingegangen werden. Stattdessen wollen wir uns den Fragen nach der Leistungsfähigkeit sowie der Legitimität des kategorischen Imperativs in seiner Kernaussage zuwenden. Wir werden dabei sehen, dass es jedenfalls Handlungsweisen gibt, die dem Kriterium dieses Testprinzips nicht genügen, sodass der gelegentlich erhobene Vorwurf, der kategorische Imperativ sei einfach leer, weil eigentlich jedes Handeln mit ihm vereinbar sei, nicht haltbar ist. Ein ganz zentrales Interpretationsproblem des kategorischen Imperativs wird allerdings in diesem Zusammenhang noch deutlich werden. Als Ausgangspunkt unserer Überlegungen hierzu sollen die folgenden von Kant selbst gegebenen Beispiele dienen.

Beispiel 1. A, der sich in finanzieller Not befindet, leiht sich Geld unter Abgabe des falschen Versprechens, es zurückzuzahlen. Kann A wollen, dass sich jeder, der sich in seiner Situation befindet, wie er verhält? Um diese Frage zu beantworten, müssen wir uns zunächst die *Folgen* einer derartigen allgemeinen Praxis vergegenwärtigen. Wenn jeder, der sich in Not befindet, wie A ein falsches Versprechen abgäbe, so würde diese allgemeine Praxis bald auch allgemein bekannt werden, und niemand würde mehr auf ein Versprechen dieser Art hereinfallen. Damit aber wäre As Ziel, auf diese Weise zu Geld zu kommen, nicht mehr erreichbar. A kann sein Ziel in der Realität also nur unter der Voraussetzung verfolgen, dass seine Strategie tatsächlich *nicht* Inhalt einer allgemeinen Praxis ist. Das heißt, er kann nicht widerspruchsfrei wollen, dass die Maxime seines Handelns *allgemein* befolgt wird.

Kants Testprinzip des kategorischen Imperativs brandmarkt As Verhalten somit als moralisch unzulässig. Wichtig ist in diesem Zusammenhang, dass der kategorische Imperativ in keiner Weise auf die *tatsächlich* drohenden Folgen von As Verhalten abstellt. Es kommt überhaupt nicht darauf an, ob die entsprechende allgemeine Praxis tatsächlich bevorsteht und ob A vielleicht durch sein Verhalten zu dieser Entwicklung beiträgt. Der kategorische Imperativ beruht vielmehr, wie das Beispiel zeigt, auf einem reinen Gedankenexperiment. Entscheidend ist, dass A sich durch sein Handeln seinen Mitmenschen gegenüber eine Sonderstellung anmaßt, indem er etwas tut, dessen allgemeine Ausführung er nicht nur nicht will, sondern in Verfolgung seiner Handlungsstrategie gar nicht wollen kann. Er ergreift durch sein Verhalten einseitig für die eigene Person Partei in einer Weise, die er konsequenterweise seinen Mitmenschen nicht zugestehen kann. Sein Verhalten ist insoweit nicht verallgemeinerbar; es verstößt gegen das kantisch verstandene Prinzip der Unparteilichkeit.

Betrachten wir ein ähnliches Beispiel: Angenommen, B begeht einen Diebstahl, um sich zu bereichern. Kann B wollen, dass die Maxime, zum Zweck der Bereicherung zu stehlen, allgemein befolgt wird? Die folgende Erwägung spricht entscheidend dagegen: Wenn jedermann bei jeder sich bietenden Gelegenheit zur persönlichen Bereicherung einen Diebstahl beginge, so würde über kurz oder lang die soziale Institution des Privateigentums mit ihrer festen (rechtlichen wie moralischen) Zuordnung des Mein und Dein aufhören zu existieren. Jeder würde sich zur Befriedigung seiner Wünsche nach Belieben nehmen, was ihm gerade erreichbar ist. Unter solchen Bedingungen aber könnte B das mit seinem Diebstahl verfolgte Ziel nicht mehr erreichen. Denn ein Dieb will das gestohlene Gut normalerweise ja nicht gleich wieder an den nächstbesten Ganoven verlieren, sondern seinerseits als rechtmäßiger Eigentümer dieses Gutes auftreten und betrachtet werden. Er will also seinerseits den Schutz des Privateigentums durchaus genießen: Ein Untergang dieser sozialen Institution kann deshalb keineswegs von ihm gewollt werden. Ähnlich wie A im vorigen Beispiel, so könnte also auch B das eigentliche Ziel seines Handelns unter der Bedingung einer entsprechenden allgemeinen Praxis nicht mehr erreichen. Auch Bs Verhalten verstößt insoweit gegen das kantische Prinzip der Unparteilichkeit und ist moralisch unzulässig.

In beiden Fällen würde jedenfalls das Ergebnis, zu dem der kategorische Imperativ führt, zweifellos auf breite Zustimmung stoßen. Doch gerade das Beispiel des Diebstahls verdeutlicht bei genauerem Hinsehen einen gravierenden Mangel dieses Testprinzips. Betrachten wir den folgenden, besonderen Fall eines Diebstahls: C, so wollen wir annehmen, stiehlt nicht, um sich zu bereichern, sondern weil er einer Gesellschaftstheorie anhängt, wonach jegliches Privateigentum als Instrument illegitimer Ausbeutung der Menschen abzulehnen ist. Mit seiner Praxis des Stehlens verfolgt C deshalb das Ziel, die Institution des Privateigentums als solche zu bekämpfen und – gemeinsam mit anderen – ihren Untergang herbeizuführen.

Vermutlich würden wir trotz allem Cs Verhalten nicht weniger als das Verhalten Bs im vorigen Fall moralisch ablehnen. Doch zur Begründung dieser Ablehnung kann uns in diesem Fall der kategorische Imperativ nicht mehr dienen. Denn C kann sein Verhalten auf der Basis seiner eigenen Maxime sehr wohl verallgemeinern. Er will ja keineswegs die Institution des Privateigentums in unfairer Weise für sich ausnutzen, sondern ganz im Gegenteil durch Propagierung und Verbreitung einer allgemeinen Praxis des Stehlens beseitigen. Mangelnde Unparteilichkeit kann man C also nicht vorwerfen. An Cs Verhalten wäre doch wohl gar nichts auszusetzen – unter der Voraussetzung, dass jegliches Privateigentum tatsächlich ein moralisches Übel darstellt.

Um Cs Verhalten als moralisch unzulässig zu erweisen, reicht also offenbar ein Prinzip der Unparteilichkeit wie das kantische nicht aus. Wir benötigen vielmehr zusätzlich ein Argument, das die Institution des Privateigentums als solche rechtfertigt. Ja, dass wir diese Institution als solche für legitim erachten, erweist sich an diesem Punkt sogar als unabdingbare Voraussetzung dafür, dass wir den Diebstahl von B verurteilen. Ein derartiges Argument, das vermutlich auf den *Nutzen* dieser Institution für die Befriedigung allgemein menschlicher Bedürfnisse abzustellen hätte, lässt sich aber aus dem Testprinzip des kategorischen Imperativs selbst nicht gewinnen!

Vielleicht würden einige Kantianer mir an dieser Stelle widersprechen und behaupten, dass sich das Verhalten sowohl von B als auch von C durchaus allein durch den kategorischen Imperativ moralisch disqualifizieren lässt. Um dies zu zeigen, müssten sie jedoch den kategorischen Imperativ in einer Weise umdeuten bzw. mit zusätzlichen Bedingungen versehen, die mit seinem Wortlaut wie auch mit seiner von Kant selbst gegebenen Erläuterung nicht mehr vereinbar ist. Nicht umsonst spricht Kant ausdrücklich von einem *Widerspruch im Wollen des Handelnden*, auf den der kategorische Imperativ entscheidend abstellt. Ein solcher Widerspruch aber ist C, wie dargelegt, nicht nachzuweisen. Und ein solcher Widerspruch ist B zwar nachzuweisen, er wäre aber offensichtlich ohne moralische Relevanz, wenn man nicht die Institution des Privateigentums bereits als legitim voraussetzt.

Es zeigt sich damit schon an diesem Punkt, dass der kategorische Imperativ dem von unseren Intellektuellen häufig erhobenen Anspruch, das notwendige und hinreichende Prinzip einer jeden Moralbegründung zu sein, nicht genügen kann. Eine andere Frage ist, ob es von Kant inspirierte alternative Formen eines Testprinzips der Unparteilichkeit gibt, die diesem Anspruch eher genügen können. Mit den wichtigsten dieser alternativen Formen, die von Jürgen Habermas bzw. von Richard Hare entwickelt wurden, werden wir uns im Folgenden befassen. Zunächst müssen wir uns jedoch – anhand eines zweiten von Kant selbst angeführten Beispiels – mit einer weiteren Interpretationsmöglichkeit des kategorischen Imperativs auseinandersetzen.

Beispiel 2. D ist aus fehlendem Altruismus nicht bereit, Not leidenden Menschen zu helfen. Kant vertritt in diesem Fall die Meinung, dass die Maxime, nach der D verfährt, durch den kategorischen Imperativ disqualifiziert wird. Er argumentiert wie folgt: Wenn niemand bereit wäre, Not leidenden Menschen zu helfen, so würde auch D selber ohne jede Hilfe dastehen, falls er in eine Notlage geriete. Deshalb kann D ein allgemeines Fehlen des Altruismus ohne inneren Widerspruch nicht wollen. Ist diese Argumentation Kants schlüssig?

Kant hat sicher Recht mit der Behauptung, dass ein allgemeines Fehlen des Altruismus dazu führen würde, dass auch D im Fall einer Notlage ohne Hilfe dastünde. Warum aber würde D schon deshalb in einen Selbstwiderspruch geraten, wenn er ein allgemeines Fehlen des Altruismus für wünschenswert hält?

Zunächst einmal ist festzustellen, dass ein Widerspruch im Wollen Ds nur dann vorliegt, wenn D jetzt (zum Zeitpunkt, in dem er auf die Not seiner Mitmenschen nicht eingeht) ein allgemeines Fehlen des Altruismus nicht wollen kann. Ein solcher Widerspruch ist dagegen nicht gegeben, wenn D vielleicht zu einem späteren Zeitpunkt, zu dem er wirklich selbst in Not geraten ist, ein allgemeines Fehlen des Altruismus nicht wollen kann. Man kann nämlich, ohne sich im Geringsten zu widersprechen, zu verschiedenen Zeitpunkten Unterschiedliches, ja Gegensätzliches wollen bzw. widerspruchsfrei wollen können. Wie D etwa heute wollen kann, baldmöglichst mit Frau X verheiratet zu sein, in einem Jahr dagegen, baldmöglichst mit Frau Y verheiratet zu sein (und deshalb seine mit Frau X geschlossene Ehe aufzulösen), so kann er prinzipiell auch heute ein allgemeines Fehlen des Altruismus wollen, in einem Jahr dagegen nicht.

Ob D aber jetzt im Hinblick auf eine eventuell *spätere* eigene Notlage ein allgemeines Fehlen des Altruismus will, hängt offenbar von einer ganzen Reihe von Faktoren ab, die seine Person und seine spezielle Situation betreffen: Wie gut ist er situiert, und was für eine Art von Leben führt er? Für wie wahrscheinlich hält er es deshalb, selber jemals in eine Notsituation zu geraten? Und in welchem Maße ist er bereit, für diesen Fall ein gewisses Risiko bewusst in Kauf zu nehmen? Warum sollte etwa ein erfolgreicher Großunternehmer *im Hinblick auf den kategorischen Imperativ* sich unter allen denkbaren Umständen dafür aussprechen, dass für die Angehörigen der sozialen Unterschicht ein ausreichendes «soziales Netz» geknüpft wird? Es ist ja auch nicht für jedermann ohne weiteres ein zwingendes Vernunftgebot, für sein Auto den Abschluss einer Vollkaskoversicherung zu wollen.

Außerdem ist auch noch dieses zu bedenken: Selbst wenn man davon ausgehen darf, dass jeder, also auch D, nicht in eine Notsituation geraten bzw. eine solche Situation schnellstmöglich wieder verlassen möchte, dann bedeutet dies nicht unbedingt, dass jeder auch um den Preis der Annahme fremder Hilfe diesen Wunsch hat. Es gibt Menschen, die einen derartigen persönlichen Stolz besitzen, dass sie ihr Leben ohne fremde Hilfe meistern wollen. Falls D aber ein solcher Mensch ist, könnte er sogar noch zu dem Zeitpunkt, zu dem er selbst in Not geraten ist, mit einem allgemeinen Fehlen des Altruismus einverstanden sein.

Nach alledem ist Kant also im Irrtum, wenn er meint, dass fehlende Bereitschaft, den Mitmenschen zu helfen, *unter allen Umständen* durch den kategorischen Imperativ als unmoralisch disqualifiziert wird. Selbst wenn dies für D unter seinen gegebenen Lebensumständen tatsächlich der Fall ist, und selbst wenn dies vielleicht auch für den Durchschnittsmenschen tatsächlich der Fall ist, so ist dies doch nicht unbedingt für jedermann und damit auch für E oder für F der Fall. Das aber bedeutet: Der kategorische Imperativ hat, so interpretiert und angewandt, offensichtlich *relativistische* Konsequenzen: Dasselbe Verhalten, das für D moralisch unzulässig ist, kann für E oder F moralisch legitim sein. Dabei ist die Wahrscheinlichkeit eben dieses Ergebnisses, wie die vorangehenden Ausführungen zeigen, gerade dann besonders groß, wenn D in bescheidenen, E und F dagegen in sehr gesicherten Verhältnissen leben. Mit anderen Worten: Je besser es jemandem geht, umso uneingeschränkter darf er seinen Egoismus ausleben; denn umso weniger Grund hat er, ein *allgemeines* Fehlen des Altruismus abzulehnen. Ein in der Tat eher merkwürdiges Ergebnis!

Ohne Zweifel sind derart relativistische Resultate der Anwendung des kategorischen Imperativs mit der Grundkonzeption der kantischen Ethik und ihrem Anspruch auf objektive Moralbegründung unvereinbar. Ob Kant dies in seiner Behandlung des Beispiels 2 einfach übersehen hat oder ob er vielleicht der Meinung war, diese Resultate seien durch das Postulat gewisser naturnotwendiger Handlungsziele jedes

Menschen (vgl. S. 23 f.) vermeidbar, kann man hier auf sich beruhen lassen. Viel wichtiger ist: Wenn man am kategorischen Imperativ als alleinigem Prinzip der Moralbegründung und auch am Objektivitätsanspruch des kategorischen Imperativs festhalten will, sollte man dieses Prinzip von vornherein, wenn möglich, so interpretieren, dass ein Fall wie Beispiel 2 überhaupt nicht von ihm erfasst wird. Dass dies tatsächlich möglich ist, soll ein genauer Vergleich zwischen Beispiel 1 und Beispiel 2 nun im Einzelnen deutlich machen.

In Beispiel 1 ging es um die Frage, ob ein bestimmtes Handlungsziel, das jemand hat, unter der Bedingung seiner *allgemeinen* Verfolgung als solches noch verfolgbar wäre. Dies ist, wie wir sahen, etwa bei einer Geldleihe mittels eines falschen Versprechens nicht der Fall. Insofern besteht zwischen dem Wollen in seiner tatsächlichen, individuellen Form und seiner bloß gedachten, allgemeinen Form ein Widerspruch. Bezugspunkte des Widerspruchs sind dabei zum einen die *Verallgemeinerung* des individuellen Wollens und zum anderen *genau dieses* individuelle Wollen. Welche Person unter welchen Umständen Subjekt des Wollens ist, ist dabei gleichgültig. Relativistische Resultate einer Anwendung des kategorischen Imperativs sind somit ausgeschlossen.

All dies trifft im Fall von Beispiel 2 nicht zu. Hier ging es nämlich um die Frage, ob ein bestimmtes Handlungsziel, das jemand hat, unter der Bedingung seiner *allgemeinen* Verfolgung noch mit einem *ganz anderen* Ziel, das der Handelnde außerdem hat, vereinbar wäre. Denn Ds Ziel, die Not seiner Mitmenschen zu ignorieren, ist ja mit seinem Ziel, im Fall einer eigenen Notlage eine allgemeine Hilfsbereitschaft vorzufinden, keineswegs identisch. Bezugspunkte des Widerspruchs sind hier zum einen die Verallgemeinerung des individuellen Wollens und zum anderen irgendein beliebiges anderes Ziel des Wollenden (wie es das eine Individuum haben mag und das andere nicht).

Somit zeigt sich, dass die genaue Interpretation des «Nichtwollenkönnens» der zu verallgemeinernden Maxime für das Verständnis des kategorischen Imperativs ein erhebliches Problem darstellt. Ist dieses Nichtwollenkönnen zu verstehen unter Bezug auf die das fragliche Handeln leitende Maxime selbst oder unter Bezug auf irgendeine andere Maxime, die der Handelnde außerdem noch hat? Folgt man der ersten Lesart, so ist nicht ersichtlich, wie Ds Handeln in Beispiel 2 überhaupt unter den kategorischen Imperativ fallen könnte: Natürlich kann man die Not seiner Mitmenschen auch weiterhin übergehen, wenn alle sich so verhalten. Diese – und manche andere – Verhaltensweisen, die wir gewöhnlich durchaus als moralisch fragwürdig betrachten, wären in diesem Fall durch den kategorischen Imperativ *nicht* als illegitim zu erweisen. Folgt man dagegen der zweiten Lesart, so gewinnt der kategorische Imperativ damit zwar ein viel weiteres Anwendungsgebiet – aber, wie wir oben (S. 52) sahen, um den Preis sowohl eines ethischen Relativismus als auch möglicher Resultate, die unseren üblichen moralischen Einstellungen eher widersprechen.

Schon meine Ausführungen zu Beispiel 1 haben gezeigt, dass der kategorische Imperativ auch in seiner ersten, engeren Lesart jedenfalls unzureichend und ergänzungsbedürftig ist. Die *Leistungsfähigkeit* des kategorischen Imperativs erscheint nach alledem als zumindest begrenzt. Trotzdem könnte dem kategorischen Imperativ, sofern begründbar, ja eine wichtige partielle Funktion im Rahmen der Moralbegründung zukommen. Der Frage nach der *Legitimität* des kategorischen Imperativs selber, also der Frage, ob der kategorische Imperativ als solcher als oberstes Verfahrensprinzip einer objektiven Moralbegründung überzeugend begründet werden kann, wollen wir uns nun zuwenden.

Allein die Tatsache, dass der kategorische Imperativ in manchen Fällen jedenfalls zu auf den ersten Blick plausiblen Ergebnissen führt, reicht zu seiner Legitimation nicht aus. Wir benötigen vielmehr ein Argument, das zeigt, dass jeder rationale Mensch erkennen kann, wieso er gerade auf den kategorischen Imperativ als ein Kriterium zur Ermittlung begründeter Moralnormen setzen muss.

Kant hat dieses Problem durchaus gesehen und offen ausgesprochen, dass es nach seiner Auffassung eine theoretisch befriedigende Lösung des Problems nicht gibt. Er schreibt nämlich ausdrücklich: «*Wie* nun aber reine Vernunft ohne andere Triebfedern, die irgendwoher sonst genommen sein mögen, für sich selbst praktisch sein, d. i. [...] ohne alle Materie (Gegenstand) des Willens, woran man zum voraus irgend ein Interesse nehmen dürfe, für sich selbst eine Triebfeder abgeben und ein Interesse, welches rein *moralisch* heißen würde, bewirken [...] *könne*, das zu erklären, dazu ist alle menschliche Vernunft gänzlich unvermögend.»[6]

Mit anderen Worten: Kant gesteht zu, dass er nicht zeigen kann, wie es überhaupt möglich ist, irgendeine Moralnorm im praktischen Leben zu vertreten, zu akzeptieren oder zu befolgen *unabhängig* von jedem an der betreffenden Handlung bestehenden subjektiven Interesse. Der kategorische Imperativ, sofern nicht nur verstanden als Leitprinzip zur begründeten theoretischen Erkenntnis von Moralnormen, sondern auch als Leitprinzip zu einer ebenso begründeten praktischen Orientierung an genau diesen Moralnormen, hängt offenbar in der Luft. Wieso man den kategorischen Imperativ bzw. seine Ergebnisse im täglichen Leben befolgen soll, ist offenbar, wie Kant zugesteht, als Gegenstand von Erkenntnis nicht erweisbar.

Wenn Kant trotzdem unbeirrt am kategorischen Imperativ als oberstem Prinzip jeglicher Moralbegründung festhält, so deshalb, weil er der Überzeugung ist, dass dieses Prinzip tatsächlich «der moralischen Erkenntnis der gemeinen Menschenvernunft» zugrunde liegt und diese, «ohne sie im mindesten etwas Neues zu lehren», lediglich «auf ihr eigenes Prinzip aufmerksam macht».[7] Wir sahen, dass diese pauschale Annahme Kants insofern unzutreffend ist, als der kategorische Imperativ als Testprinzip durchgängig vertretener Moralnormen zumindest der Ergänzung bedarf. Dem könnte Kant nun unter Umständen sogar zustimmen, aber trotzdem darauf bestehen, dass sein kategorischer Imperativ jedenfalls zur Rekonstruktion der moralischen Alltagserfahrung der «gemeinen Menschenvernunft» insofern unverzichtbar sei, als er das spezifisch *kategorische Element* unseres gewöhnlichen Moralverständnisses prägnant zum Ausdruck bringt.

Eine in diesem Sinn kantische Sichtweise ist tatsächlich – unter Philosophen wie unter Nicht-Philosophen – recht verbreitet und hat auf den ersten Blick auch einiges für sich. Moralnormen, die von ihren Adressaten akzeptiert werden, haben ja tatsächlich insofern ein kategorisches Element, als sie zu einem bestimmten Verhalten ganz unabhängig davon motivieren können, ob dieses Verhalten unmittelbar im subjektiven Interesse dieser Adressaten liegt: Die Moral gebietet uns, so wie wir alle sie verstehen, doch gerade dann, etwas Bestimmtes zu tun, wenn dies anscheinend *nicht* in unserem Interesse liegt; ansonsten wäre die Moral ja überflüssig! Wie können wir dieser Tatsache unserer moralischen Alltagserfahrung aber Rechnung tragen, ohne gleichzeitig die Möglichkeit objektiver Moralbegründung – und damit eben auch moralischer Erkenntnis – als unverzichtbar mindestens zu postulieren?

Trotz seiner gewissen Plausibilität halte ich dieses Argument im Ergebnis *nicht* für stichhaltig, da sich der kategorische Charakter von Moralnormen nach meiner Überzeugung auch ohne ein solches Postulat rekonstruieren und erklären lässt. Wie dies im Einzelnen möglich ist, wird in den Kapiteln 7 und 8, in denen ich eine interessenfundierte Theorie der Moralbegründung vorstelle und verteidige, deutlich werden.

5. Kann Habermas' Diskurstheorie überzeugen?

Jürgen Habermas versteht seine Theorie der Moralbegründung ausdrücklich als Weiterentwicklung und Verbesserung des kantischen Ansatzes. Dabei vertritt auch er wie Kant entschieden einen ethischen Objektivismus: Auch nach seiner Auffassung können Moralnormen prinzipiell als objektiv begründet erwiesen werden. Leider ist die Formulierung und auch die Begründung, die Habermas seiner Moraltheorie gibt, derart komplex und unklar, dass ihr genaues Verständnis große Schwierigkeiten bereitet. Im Rahmen dieses Buches muss ich mich darauf beschränken, die *wesentlichen Aspekte* der Theorie so gut wie möglich in verständlicher Form darzustellen und zu kritisieren.[8]

Objektiv begründet oder legitim sind nach Habermas Moralnormen immer dann, wenn sie «die Zustimmung aller Betroffenen als Teilnehmer eines praktischen Diskurses finden (oder finden könnten)».[9] Anders ausgedrückt: Eine Moralnorm ist objektiv begründet, wenn alle Betroffenen im praktischen Diskurs miteinander über diese Norm zu einem Konsens gelangen oder gelangen könnten. Allein in praktischen Diskursen, die gewöhnlich von konkreten Konflikten ihren Ausgang nehmen, lassen sich Moralnormen überhaupt begründen.

Um dieses *Diskursprinzip* zur Gewinnung legitimer Moralnormen richtig zu verstehen, muss man vor allem wissen, dass Habermas unter einem praktischen Diskurs weit mehr versteht als irgendeine Diskussion oder Verhandlung zwischen den Beteiligten. Ein verbaler Austausch zwischen Individuen zur Lösung eines moralischen Konfliktes ist vielmehr nur dann als ein Diskurs zu bezeichnen (auf das Beiwort «praktisch» verzichte ich auch im Folgenden), wenn dieser Austausch bestimmten Bedingungen genügt.

Die wichtigsten dieser Bedingungen sind die folgenden.[10] Erstens darf kein Teilnehmer einen anderen Teilnehmer über seine wahre Meinung täuschen. Zweitens darf kein Teilnehmer gegenüber einem anderen Teilnehmer in irgendeiner Weise Zwang ausüben; der angestrebte Konsens muss freiwillig zustande kommen. Und drittens muss jeder Teilnehmer sich im Wege eines fiktiven Rollentausches in die Eigenschaften und die Situation jedes anderen Teilnehmers versetzen.

Ohne Zweifel erweist sich damit das Diskursprinzip dem kategorischen Imperativ als in einer wesentlichen Hinsicht überlegen. Es stellt nämlich nicht bloß darauf ab, was der Einzelne auf der Basis bereits existenter sozialer Praktiken oder Institutionen in verallgemeinerter Form nicht wollen kann und sich deshalb fairerweise nicht herausnehmen darf. Es stellt vielmehr diese Praktiken und Institutionen selbst auf den Prüfstand und nimmt dabei Bezug auf die moralische Sichtweise und Interessenlage sämtlicher Betroffenen. Dies ist ein Vorgehen, das auf den ersten Blick vieles für sich hat. Der Leser möge sich in diesem Zusammenhang selbst die Frage stellen, zu welchem Ergebnis das Diskursprinzip im oben (S. 48 f.) angeführten Fall des von C verübten Diebstahls, an dem der kategorische Imperativ scheitern musste, vermutlich führen würde.

Zunächst einmal: Inwieweit ist das Diskursprinzip in der

Praxis anwendbar? Wie können wir ermitteln, ob eine bestimmte Norm «die Zustimmung aller Betroffenen als Teilnehmer eines Diskurses findet oder finden könnte»? Sehr schnell fällt auf, dass es wohl kaum eine allgemein geltende Moralnorm geben dürfte, von der man behaupten kann, dass sie *tatsächlich* die Zustimmung aller Betroffenen derzeit in einem Diskurs findet bzw. bereits gefunden hat. Betrachten wir etwa die Moralnormen des Diebstahlsverbots oder des Lügeverbots. Wann und wo in der Gegenwart oder in der Vergangenheit, so ist zu fragen, haben über diese Normen jemals überhaupt Diskurse zwischen allen Betroffenen stattgefunden?

Somit liegt offenbar das entscheidende Gewicht des Diskursprinzips als des Kriteriums für begründete Moralnormen gar nicht auf der *tatsächlichen*, sondern auf der *hypothetischen* Zustimmung aller Betroffenen im Diskurs, also auf der allgemeinen Zustimmung, die die zur Debatte stehende Norm zwar tatsächlich im Diskurs nicht «findet», aber gleichwohl im Diskurs «finden könnte». Die für die praktische Anwendung des Diskursprinzips entscheidende Frage lautet demnach, ob und in welcher Weise sich in der Realität jene hypothetische Zustimmung aller Betroffenen, auf die es ankommt, in nachvollziehbarer Weise feststellen lässt. Betrachten wir ein relativ einfaches Beispiel mit nur wenigen Beteiligten.

Ehepaar A möchte sich von seinem ersparten Geld ein Ferienappartement auf Mallorca kaufen. Die beiden Kinder, künstlerisch begabt und mit erfolgreichem Abschluss einer entsprechenden Grundausbildung, haben andere Interessen: Die Tochter möchte für mehrere Jahre eine Schauspielschule in New York besuchen. Der Sohn möchte eine teure Geige aus dem achtzehnten Jahrhundert erwerben. Nur eines der drei genannten Ziele lässt sich mit dem zur Verfügung stehenden Geld verwirklichen. Nach vergeblichen Einigungsversuchen, die nur ansatzweise den Charakter von «Diskursen» trugen, entscheidet die Mutter als Alleinverdienerin der Familie die Angelegenheit im Sinn des Sohnes, der schon immer ihre besondere Zuneigung besaß.

Welches ist in diesem Fall laut Habermas die eigentlich legitime Lösung des Konflikts? Welches ist die Lösung, die unter Diskursbedingungen, falls diese erfüllt wären, die Zustimmung aller vier Betroffenen «finden könnte»? Nun, die generelle Möglichkeit einer solchen hypothetischen Zustimmung lässt sich offenbar für keine der drei genannten Alternativen ausschließen. Ja, man kann sich ohne weiteres vorstellen, dass die vier Beteiligten auch noch eine andere Lösung «finden könnten», bei der jeder von seinen ursprünglichen Zielvorstellungen gewisse Abstriche macht.

Wie, so müssen wir uns fragen, soll ein Betroffener in einem solchen Fall, in dem tatsächlich weder ein Habermas'scher Diskurs stattfindet noch ein Konsens zustande kommt, nun aber feststellen, worin die einzig legitime, für alle Betroffenen akzeptable Lösung des bestehenden Konfliktes liegt? Der folgende Gesichtspunkt kommt noch erschwerend hinzu: Damit im vorliegenden Fall die gesuchte Norm tatsächlich als *Moral*norm verstanden werden kann, müssen die Beteiligten die Bereitschaft haben, ihre jeweiligen Normvorschläge zur Regelung ihres individuellen Streitfalles auf *generelle* Normen zu stützen, die unter Verzicht auf Eigennamen an allgemeine Kriterien anknüpfen (siehe S. 14). Der Leser möge selber überlegen, wie derartige Kriterien im gegebenen Fall lauten könnten. Jedenfalls wird es unvermeidlich sein, dass damit die Zahl der Normbetroffenen stark ansteigt und so das Problem der Ermittlung des gesuchten hypothetischen Konsenses, in den alle Betroffenen ja einbezogen werden müssen, noch weitaus schwieriger lösbar wird.

Betrachten wir ein weiteres Beispiel, in dem noch Wichtigeres als die moralische Pflicht von Eltern zur Ausbildung ihrer Kinder auf dem Spiel steht. Nehmen wir an, auf der Intensivstation einer Privatklinik liegen seit kurzem drei Patienten, die ohne eine baldige Lebertransplantation alle sterben werden: ein dreißigjähriger renommierter Umweltbiologe, eine vierzigjährige Mutter von vier kleinen Kindern und ein fünfzigjähriger mehrfacher Millionär. Chefarzt C hat nur eine Leber zu Transplantationszwecken zur Verfügung. Welchen der drei Patienten soll bzw. darf C durch eine Transplantation retten? Wie lautet jene erkennbar legitime Lösung dieses moralischen Problems, die im Diskurs die Zustimmung sämtlicher vier Betroffenen (gehören zu diesen nicht auch noch die jeweiligen Angehörigen?) «finden könnte»? Es wäre schön, wenn Habermas uns für einen derartigen Fall wenigstens die Andeutung einer Antwort gegeben hätte. Mir scheint, dass ohne weiteres jede ebenso gut wie keine der drei Lösungen die von Habermas geforderte Zustimmung aller «finden könnte».

An dieser Stelle muss man sehen, dass Habermas in seiner Darstellung des Diskursprinzips eine äußerst irreführende Formulierung unterläuft, wenn er im Fall des hypothetischen Konsenses darauf abstellt, ob eine bestimmte Norm die Zustimmung der Betroffenen finden «könnte». Diese Bedingung ist nämlich, wie unsere Beispiele zeigen, offenbar in nicht wenigen Fällen durch ganz unterschiedliche Normen erfüllbar. Sie erweist sich somit in solchen Fällen als viel zu weit, um zu einem eindeutigen Ergebnis zu führen. Habermas hätte eigentlich im Sinne seiner Theorie, die unter der

Prämisse steht, dass es in jedem Fall die eine erkennbare, richtige Lösung gibt, formulieren müssen, dass ein hypothetischer Konsens dann vorliegt, wenn unter Diskursbedingungen eine bestimmte Moralnorm allgemeine Zustimmung finden «würde» – und nicht bloß finden «könnte».

Wenn Habermas tatsächlich die erstgenannte Formulierung gewählt und konsequent vertreten hätte, hätte allerdings auch der oberflächliche Leser wohl bemerkt, dass das Diskursprinzip in der Praxis offenbar weitgehend ins Leere läuft: Der tatsächliche Diskurs mit tatsächlichem Konsens der Betroffenen kommt – jedenfalls bei generellen Normen – nie zustande. Der Inhalt aber des hypothetischen Konsenses lässt sich oft gar nicht ermitteln. Was nutzt uns das Ideal eines Konsenses, dessen Inhalt in vielen Fällen kaum einfacher herauszufinden ist als der Inhalt des Willens Gottes?

Natürlich ist es nicht ausgeschlossen, dass es tatsächlich einige generelle Normen gibt, zu deren eindeutiger Legitimation das Diskursprinzip in seiner hypothetischen Lesart führt. Ein ideales Beispiel könnte etwa das Verbot der Vergewaltigung von Frauen sein: Wenn jene Männer, die eine Vergewaltigung begehen möchten, mit ihren potentiellen Opfern gewaltfrei diskutieren und sich im Wege eines fiktiven Rollentausches in ihre Situation hineinversetzten (was Habermas ja fordert), dann würden sie wohl zu dem Ergebnis kommen, dass die negative Erfahrung eines Opfers (mit allen Begleiterscheinungen und möglichen Folgen) durch die eigene Lustbefriedigung des Täters nicht aufgewogen wird. Also würden unter Diskursbedingungen Männer ebenso wie Frauen Vergewaltigungen verboten wissen wollen. Dabei erscheint es legitim, dass hier neben das moralische Verbot auch noch ein entsprechendes rechtliches Verbot tritt. (Die

Begründung rechtlicher Normen unterliegt nach Habermas ebenfalls dem Diskursprinzip.)

Doch selbst dieses Beispiel könnte für die Diskurstheorie zum Problem werden. Nehmen wir einmal an, es gibt in der Gesellschaft zumindest *einen* Mann, der nicht nur aus der Vergewaltigung von Frauen seinerseits Befriedigung gewinnt, sondern der gleichzeitig ein derart perverser Masochist ist, dass er glaubt, er werde sogar in der Rolle der vergewaltigten Frau überwiegend Befriedigung gewinnen. Da Habermas darauf besteht, dass nur ein Konsens ausnahmslos *aller* Betroffenen im Diskurs eine Moralnorm legitimieren kann, könnte hieran jede Begründung des Verbots der Vergewaltigung scheitern. Dies wäre nur dann nicht der Fall, wenn Habermas den geforderten Rollentausch so versteht, dass er nicht nur die vorhandenen Eigenschaften, sondern auch die jeweiligen persönlichen Präferenzen jedes Betroffenen umfasst. (Siehe zu diesem Unterschied ausführlich S. 80 f.)

Unter dieser Voraussetzung müsste der betreffende Mann sich nämlich nicht nur als Mann in die Rolle einer *Frau*, sondern auch als Individuum mit seinen eigenen Präferenzen in die Rolle einer anderen Person mit *deren* eigenen Präferenzen versetzen. Ob Habermas generell mit seiner Forderung nach Rollentausch aber so weit gehen will, lassen seine Ausführungen offen. Er verzichtet leider darauf, auch nur am Beispiel einer einzigen Norm im Einzelnen zu zeigen, wie auf der Grundlage seiner Diskurstheorie ein von sämtlichen Betroffenen geteilter Konsens zustande kommt bzw. zustande kommen würde.

Der Haupteinwand gegen das Diskursprinzip ist jedoch nicht ein Einwand mangelnder Praktikabilität. Dieser Einwand wäre ja auch hinfällig, wenn wir das Diskursprinzip trotz allem einfach deshalb anwenden müssten, weil es, wie

Habermas behauptet, im Gegensatz zu allen alternativen Prinzipien oder Methoden eine objektive Moralbegründung zumindest prinzipiell – und in einigen Fällen vielleicht auch tatsächlich – möglich macht. Dass genau dieser Anspruch sich jedoch als nicht einlösbar erweist, macht den Haupteinwand gegen das Diskursprinzip aus.

Nehmen wir an, in einem bestimmten Fall führt der Diskurs tatsächlich zu einem Konsens aller Betroffenen über die Legitimität einer bestimmten Norm. Natürlich ist mit diesem Konsens dann jede normative Meinungsverschiedenheit in der Sache, wie sie zu Beginn des Diskurses vermutlich noch bestand, beigelegt; und das ist sicher gut so. Aber wieso macht der Konsens über eine Norm diese Norm auch schon zu einer Norm, die die Diskursteilnehmer als die einzig legitime, objektiv begründete Norm *erkannt* haben? Ja, wieso gibt es im normativen Bereich überhaupt objektive Begründung und Erkenntnis? In anderen Bereichen außerhalb der Moral würden wir normalerweise doch keineswegs der Meinung sein, dass ein Konsens aller Beteiligten – wie immer er im Einzelnen zustande kommt – der alles entscheidende Faktor ist, der den Inhalt des Konsenses als objektiv begründet und als Gegenstand der Erkenntnis ausweist.

Betrachten wir zunächst den deskriptiv-empirischen Bereich, in dem es nach allgemeiner Ansicht ja objektive Begründung und Erkenntnis gibt. Welche Rolle spielt in diesem Bereich der Konsens? Es besteht zum Beispiel allgemeiner Konsens darüber, dass Feuer Wärme erzeugt, und dass dies so ist, können wir offenbar auch erkennen. Aber besteht diese Erkenntnis etwa in nichts anderem als in dem betreffenden Konsens? Wie ließe sich dann erklären, dass im Prinzip wohl auch ein Robinson auf einer Insel nur auf der Basis seiner eigenen Erfahrung, ohne jeden Konsens mit anderen, zu dieser Erkenntnis gelangen kann? Andererseits ist selbst ein allgemeiner Konsens nicht immer eine Garantie für tatsächliche Erkenntnis. So wissen wir inzwischen, dass etwa das geozentrische Weltbild, das über Jahrhunderte von einem allgemeinen Konsens getragen war, durchaus unzutreffend ist. Konsens ist also offenbar weder eine notwendige noch eine hinreichende Bedingung für das Vorliegen von Erkenntnis. Was immer objektive Begründung und Erkenntnis im deskriptiven Bereich im Einzelnen ausmacht – der Konsens der Diskursteilnehmer ist jedenfalls nicht der ausschlaggebende Faktor.

Betrachten wir als Nächstes den ästhetischen Bereich, der – ebenso wie der moralische Bereich – Bewertungen einer bestimmten Art zum Inhalt hat. Nehmen wir an, jemand urteilt, dass Meerschweinchen schöner sind als Ratten oder dass Verona Pooth schöner ist als Alice Schwarzer. Und nehmen wir weiter an (was nicht ausgeschlossen erscheint), dass jeder, der überhaupt die betreffenden ästhetischen Vergleiche anstellt, diesen Urteilen zustimmt. Wird der Inhalt dieser Urteile dadurch zum Gegenstand von (ästhetischer) *Erkenntnis*? Worin besteht denn eigentlich die Schönheit oder Hässlichkeit von etwas in der objektiven Wirklichkeit?

Zwar ist ein ästhetisches Urteil nicht notwendig das Ergebnis einer spontanen Reaktion; häufig beruht es auf ganz bestimmten empirischen Eigenschaften, die der Urteilende an dem Gegenstand seines Urteils wahrgenommen hat. Doch diese Eigenschaften – wie etwa der Gesichtsausdruck oder die Proportionen gewisser Körperteile – sind als solche keineswegs *identisch* mit der behaupteten Schönheit; auch besteht zwischen Eigenschaften und Schönheit kein irgendwie gearteter logischer Zusammenhang. Vieles spricht vielmehr dafür, dass das, was wir als Schönheit bezeichnen, nichts anderes als Ausdruck einer bestimmten subjektiven Einstellung ist, die der Urteilende selbst an den Urteilsgegenstand heranträgt und gleichzeitig auf diesen projiziert. Welchen Fehler im *Erkennen* könnte man mir wohl vorwerfen, wenn ich selbst nach sorgfältigstem Studium aller verfügbaren Informationen über Meerschweinchen und Ratten behaupte, Ratten seien die schöneren Tiere?

Statt eines ästhetischen Urteils können wir auch ein beliebiges Geschmacksurteil als Beispiel wählen. Das Ergebnis ist genau dasselbe. Man betrachte etwa das allgemein geteilte Urteil, dass Rindfleisch schmackhafter und insofern besser sei als Pferdefleisch. Auch hier ist völlig unklar, wie die höhere Geschmacksqualität von etwas durch den bloßen Konsens der Urteilenden schon zum Gegenstand von objektiver Begründung und Erkenntnis werden kann.

Natürlich kann man durchaus *erkennen*, dass die allermeisten (oder vielleicht alle) einschlägig interessierten Menschen Meerschweinchen gegenüber Ratten als schöner und Rindfleisch gegenüber Pferdefleisch als schmackhafter betrachten und bezeichnen. Dies aber ist in beiden Fällen ein (empirisches) Urteil *über* die vorwiegenden Bewertungen durch bestimmte (vielleicht alle) Individuen; es darf mit dem Werturteil selbst über den betreffenden Gegenstand nicht verwechselt werden.

Ohne Zweifel gibt es wichtige Unterschiede zwischen ästhetischen Urteilen und Geschmacksurteilen auf der einen und handlungsbezogenen Moralurteilen auf der anderen Seite: Wenn einer meiner Nachbarn etwa – im Unterschied zu mir und den meisten Menschen – Katzen hässlich findet, so regt mich das kaum auf. Wenn er jedoch keine Gelegenheit auslässt, die Katzen in der Nachbarschaft zu quälen, so schreite ich ein; denn es berührt unmittelbar mein (altruistisches) Interesse am Wohlergehen dieser Tiere. Moralnormen zeichnen sich, wie wir sahen (S. 14 f.), dadurch aus, dass ihre Vertretung mit dem Anspruch auf allgemeine Zustimmung verbunden ist. Lässt sich aber aus diesem Unterschied zwischen den beiden Arten von Urteilen auch ein Unterschied in ihrem erkenntnistheoretischen Status ableiten? Habermas gibt auf derartige Fragen im Rahmen seiner Theorie der Moralbegründung leider keine Antwort.

In diesem Zusammenhang kann man sich fragen, woran sich der einzelne Vertreter einer Moralnorm, bevor er in den Diskurs mit anderen eintritt, zum Zweck der eigenen Urteilsbildung eigentlich orientieren soll. Anders als bei Kant, für den subjektive Handlungsziele als Ausgangsdaten in das Testverfahren seines Prinzips der Unparteilichkeit eingehen, bestehen bei Habermas diese Ausgangsdaten (zumindest zum Teil) bereits aus echten – wenngleich noch völlig unbegründeten – Moralurteilen. Könnte dies aber nicht dazu führen, dass ein überzeugter Anhänger der Diskurstheorie vor Beginn des Diskurses gar kein Moralurteil mehr abgeben wird, da er ein *begründetes* Urteil ja erst nach Abschluss des Diskurses abzugeben fähig ist? Und könnte dies nicht dazu führen, dass niemand überhaupt mit dem Diskurs beginnen will, da jeder erst auf die Moralurteile der anderen wartet?

Betrachten wir einen weiteren, viel schwerwiegenderen Einwand. Wieso stellt ausgerechnet ein (tatsächlicher oder hypothetischer) Konsens unter Diskursbedingungen einen für das Individuum A erkennbaren, objektiven Grund zur Zustimmung zu einer bestimmten Moralnorm dar? Richtig ist sicher, dass A im Fall eines zustande gekommenen allgemeinen Konsenses auch selber zugestimmt haben muss.

Aber wieso macht die Zustimmung aller irgendwie Betroffenen eine Moralnorm zu einer Norm, die nicht nur intersubjektiv, sondern objektiv begründet ist?

Wenn dies der Fall wäre, so hätte A natürlich automatisch Grund, zur Gewinnung objektiver moralischer Erkenntnis durch einen Konsens in einen Diskurs mit allen anderen Betroffenen einzutreten. Warum aber hat er Grund dazu? Warum ist es rational für A, immer dann, wenn er als Betroffener eine Moralnorm vertreten möchte, die Zustimmung aller anderen Betroffenen zu suchen? Und selbst wenn dies der Fall sein sollte, warum muss diese Zustimmung dann unbedingt unter Diskursbedingungen zustande kommen?

An diesem Punkt wird noch einmal deutlich, warum die Habermas'sche Theorie der Moralbegründung auf den ersten Blick durchaus plausibel erscheinen kann: Ist es etwa nicht vernünftig oder rational, praktische Konflikte oder Meinungsverschiedenheiten jeder Art dadurch in Angriff zu nehmen, dass man sich zusammensetzt und eine für alle Betroffenen akzeptable Lösung zu finden sucht?

Natürlich lässt es sich nicht leugnen, dass ein solches Vorgehen unter gewissen Umständen für die Beteiligten durchaus rational sein kann. Der Anspruch der Diskurstheorie geht jedoch viel weiter: Sie enthält die Behauptung, dass das Diskursverfahren *unter allen Umständen der einzig rationale Weg* ist, auf dem das Individuum einer Moralnorm zustimmen kann! Diese Behauptung aber ist bei näherer Überlegung alles andere als überzeugend.

Wir müssen uns in diesem Zusammenhang daran erinnern, dass Diskurse nicht beliebige Diskussionen darstellen, sondern dass Diskurse laut Habermas durch Zwanglosigkeit und fiktiven Rollentausch charakterisiert sind. Warum aber soll ich mich bei einer Diskussion oder Verhandlung über den Inhalt einer zur Debatte stehenden Moralnorm unter allen Umständen auf diese beiden Bedingungen einlassen?

Um mit der Bedingung des Rollentausches zu beginnen: Warum soll ich mich bei meiner Entscheidung für die Vertretung oder Akzeptanz einer bestimmten Norm auch dann in die Rolle irgendeines anderen versetzen, wenn ich weiß, dass ich selber diese Rolle in der Realität nie spielen werde? Kann ein gemeinsamer Konsens nicht unter Umständen ebenso gut wie im Wege eines fiktiven Rollentausches auch dadurch zustande kommen, dass alle Beteiligten unter den Bedingungen ihrer ganz realen Situation einen *Kompromiss* suchen, von dem jeder Einzelne auf der Basis seiner ureigenen Interessen profitiert? Warum ist ein solches Vorgehen weniger rational als das des fiktiven Rollentausches? Sicher wird es nicht in jedem Fall von Erfolg gekrönt sein; dies aber trifft auf das Diskursverfahren, wie wir sahen, ebenfalls zu.

Die Forderung des Rollentausches läuft darauf hinaus, dass man bei der Vertretung von Moralnormen ohne weiteres bereit sein muss, die Interessen aller anderen gleichermaßen wie die eigenen Interessen zu berücksichtigen. Diese Forderung aber ist der Sache nach identisch mit einem ganz bestimmten inhaltlichen – wenngleich sehr allgemeinen, im Einzelfall noch zu konkretisierenden – *Moralprinzip*. Und dieses Moralprinzip wäre von Habermas, bevor er es einfach zur Basis *jeglicher* Moralbegründung macht, zunächst einmal als solches zu begründen.

Warum ist es beispielsweise per se irrational für einen Unternehmer, wenn er bei Tarifverhandlungen mit der Gewerkschaft das Optimum für sich herauszuholen sucht? Warum ist es irrational für eine weibliche Schönheit, den reichen Geschäftsmann, der sie unter allen Umständen heiraten möchte, finanziell auszubeuten? Ist es nicht eine Form der Mogelei, die Forderung des Rollentausches einfach zum Verfahrensprinzip einer objektiven Moralbegründung zu erklären? Selbst jemand, der aus einer altruistischen Einstellung heraus sich mit dieser Forderung identifizieren kann und deshalb den Rollentausch in jedem Einzelfall auch praktiziert, hat doch deshalb noch keinen Grund, für die Ergebnisse dieses Vorgehens den Status einer Erkenntnis oder objektiven Begründung zu beanspruchen.

Entsprechendes gilt für das Diskurserfordernis der Zwanglosigkeit. In der Tat kann die zu einer Normakzeptanz führende Zustimmung nur zwanglos geleistet werden, da die *Normakzeptanz* als innere Haltung begriffsnotwendig Freiwilligkeit voraussetzt. Warum aber soll ein *Normvertreter* eine derart verstandene Normakzeptanz durch jeden beliebigen Normadressaten unter allen Umständen als Ziel verfolgen? Zwar ist die von ihm gewollte Normbefolgung normalerweise besser gewährleistet, wenn sie mit einer Normakzeptanz verbunden ist. Aber es kann Konstellationen geben, in denen er sich die Normakzeptanz seiner Mitmenschen durch zu hohe Abstriche von seinen Wünschen hinsichtlich des *Inhalts* der betreffenden Norm erkaufen müsste. Warum soll er selbst dann einen inhaltlichen Kompromiss eingehen, wenn er seine Ziele unter Androhung von Zwang uneingeschränkt erreichen kann?

An dieser Stelle wird der eine oder andere Leser vielleicht mit Empörung reagieren: Ist die Androhung von Zwang denn ein legitimes Mittel zur Durchsetzung aller möglichen individuellen Ziele oder Moralvorstellungen? Ist die wichtigste aller begründeten Moralnormen nicht die Forderung nach einem *gewaltfreien* Zusammenleben? Meine Antwort hierauf lautet: Das mag durchaus zutreffen; aber – und das ist auch hier wieder der entscheidende Punkt – diese moralische

Forderung nach Gewaltfreiheit darf der Ethiker doch nicht einfach voraussetzen, sondern muss sie, wie alle anderen Moralnormen auch, zunächst einmal begründen. Auch hier ergibt sich wieder der Verdacht: Die Diskurstheorie setzt einfach (als Kriterium einer objektiven Begründung!) voraus, wofür sie keinerlei Begründung – weder eine objektive noch eine (inter)subjektive – bietet.

Die Forderung nach Gewaltfreiheit führt uns in der Tat zum Kern jeder denkbaren Diskurstheorie der Moralbegründung. Ohne diese Forderung ist nämlich nicht einmal einzusehen, warum man bei der Vertretung von Moralnormen unter allen Umständen auch nur irgendwelche Diskussionen oder Verhandlungen mit anderen Menschen führen soll. Warum soll derjenige, der selber beispielsweise nicht über die rhetorischen Fähigkeiten eines Jürgen Habermas verfügt, dafür aber gewisse körperliche Vorzüge besitzt, nicht, anstatt im Diskurs, unmittelbar mit den Fäusten oder ähnlichen Waffen die Befolgung der von ihm gewünschten Moralnormen zu erreichen suchen? Auch im Fall dieses extremen Szenariums kann die Antwort letztlich wiederum nur in einem Moralprinzip liegen, das von der Diskurstheorie offenbar immer schon vorausgesetzt wird. Es hat den Anschein, dass auch die Diskurstheorie der Moralbegründung, ähnlich wie Kants kategorischer Imperativ, begründungstheoretisch letztlich in der Luft hängt.

An diesem entscheidenden Punkt der Auseinandersetzung ist jedoch einzuräumen: Habermas hat das zur Debatte stehende Problem, wie die Diskurstheorie ihrerseits zu begründen sei, durchaus gesehen und auch zu lösen versucht. Und zwar wählt er zu diesem Zweck einen im Prinzip ähnlichen Weg wie Kant. Wie laut Kant der kategorische Imperativ unserem alltäglichen Moralverständnis tatsächlich zugrunde liegt (siehe oben, S. 56), so trifft dies laut Habermas in entsprechender Weise auf das Diskursprinzip zu: Wenn wir überhaupt an unserer Alltagspraxis des moralischen Urteilens festhalten wollen, dann geht dies nur auf dem Wege des von unseren subjektiven Interessen unabhängigen Diskursprinzips. Habermas versucht in diesem Zusammenhang ausdrücklich, eine gewisse theoretische Begründung pragmatischer Natur für das Diskursprinzip zu geben. Diese Begründung ist höchst interessant und wirft ein bezeichnendes Licht auf Habermas' gesamte Moraltheorie.

Die Begründung ist im Wesentlichen diese: Das Diskursprinzip ist nicht selber eine Moralnorm; es lässt sich auch nicht, wie oben von mir eingefordert, in irgendeiner Weise auf eine oder mehrere Moralnormen mit einem bestimmten Inhalt zurückführen. Es ist und bleibt ein oberstes *Verfahrensprinzip*, das nichts anderem als der *Auffindung* von (insoweit objektiv begründeten) Moralnormen dient. Ein oberstes Verfahrensprinzip aber lässt sich als solches schon begriffsnotwendig nicht weiter ableiten oder deduktiv begründen – erst recht nicht mithilfe irgendwelcher inhaltlicher Normen, deren Legitimität voraussetzungsgemäß ja allein auf seiner eigenen Anwendung beruhen kann.

All das schließt laut Habermas aber nicht notwendig aus, dass eine gewisse pragmatische «Begründung» für das betreffende Verfahrensprinzip möglich ist. Und zwar kann eine solche Begründung darin liegen, dass wir Menschen aus lebenspraktischen Zwängen heraus im Alltag gar nicht anders können, als das betreffende Verfahrensprinzip zu befolgen. Als Beispiel hierfür nennt Habermas das Verfahrensprinzip der Induktion zur Gewinnung empirischer Erkenntnis, ohne dessen Befolgung wir im Alltag wie in der Wissenschaft offenbar ganz orientierungslos dastünden.

Zu diesem *generellen* Ansatz einer Begründung von Verfahrensprinzipien zur Gewinnung von Erkenntnis wäre in grundsätzlicher Hinsicht sicher mehr zu sagen (was Habermas im Übrigen auch tut). Auch wenn man diesen Ansatz im Prinzip für überzeugend hält, muss man sich jedoch die Frage stellen, wie leistungskräftig er speziell im Fall des Diskursprinzips und seines Anspruchs der Moralbegründung ist. Habermas stellt in diesem Zusammenhang die folgenden Behauptungen auf.

Die Befolgung des Diskursprinzips bei der Vertretung von Moralnormen sei in der Lebenspraxis ausgezeichnet durch ihre *«Alternativenlosigkeit».*[11] Die einzige – theoretisch denkbare, im wirklichen Leben aber von niemandem praktizierte – Alternative sei die Haltung des konsequenten Skeptikers, der «durch sein Verhalten seine Mitgliedschaft in der Gemeinschaft derer, die argumentieren, aufkündigt». Durch eine solche «Argumentationsverweigerung» verleugne der Skeptiker aber «die Sittlichkeit der Lebensverhältnisse, in denen er sich sozusagen tagsüber aufhält». Wenn der Skeptiker mit dieser denkmöglichen Alternative in der Praxis wirklich Ernst machte, «müsste er sich in den Selbstmord oder in eine schwere Geisteskrankheit flüchten».[12] Mit anderen Worten: Jeder, der die Möglichkeit, im Diskurs moralische Erkenntnis zu gewinnen, nicht nur als Theoretiker leugnet, sondern seine theoretische Überzeugung auch konsequent im praktischen Leben umsetzt, muss unweigerlich im völligen Ruin enden.

Aufgabe der philosophischen Ethik in Form der Diskurstheorie ist es laut Habermas unter diesen Umständen, die unverbildeten objektivistischen «Alltagsintuitionen» des Durchschnittsmenschen «gegenüber den Verwirrungen», die der Moralskeptiker «im Bewusstsein der Gebildeten angerichtet hat», wieder in ihr Recht zu setzen. Die Wichtigkeit dieser Aufgabe sei auch daraus zu ersehen, dass «der Wertskeptizismus und der Rechtspositivismus», die sich «als Professionsideologien festgesetzt haben und über das Bildungssystem ins Alltagsbewusstsein eingedrungen sind», unter gewissen Umständen sogar dazu beitragen könnten, «die vom Bildungsskeptizismus erfassten Akademikerschichten moralisch zu entwaffnen».[13]

Diese zur Stützung der Diskurstheorie vorgebrachten Behauptungen erscheinen in mehr als einer Hinsicht nahezu grotesk. Zunächst einmal: Trifft es wirklich zu, dass der Durchschnittsmensch, sofern er nicht als Gebildeter von den Lehren der Skeptiker verdorben bzw. verwirrt ist, im Alltagsleben von der Möglichkeit moralischer Erkenntnis als selbstverständlich ausgeht? Glauben die allermeisten Zeitgenossen, die über die Medien die gewaltigen moralischen Meinungsunterschiede in unserer Welt zur Kenntnis nehmen, tatsächlich daran, dass man «erkennen» kann, welche der rivalisierenden Meinungen jeweils die «objektiv richtige» ist?

Hält der Normalbürger in unserer Gesellschaft es beispielsweise wirklich für eine Sache der «Erkenntnis», dass man Homosexuelle oder Ehebrecher nicht bestrafen soll, sondern dass sie – sofern sie als Prominente nur das richtige Gespür dafür besitzen, bei welcher Gelegenheit man sich in der modernen Spaßgesellschaft am besten outet – dafür an Ansehen gewinnen sollen? Glaubt der Normalbürger wirklich zu «erkennen», welches System der Besteuerung die sogenannte soziale Gerechtigkeit erfordert? Ja, mehr noch: Glaubt der Normalbürger überdies sogar, dass die betreffende «Erkenntnis» sich auf keinem anderen Weg als gerade dem des Diskursverfahrens für jedermann gewinnen lässt?

Und folgen jene weltweit überaus zahlreichen Menschen, für die die Moral mit der Religion sehr eng verknüpft ist, in ihrer alltäglichen Praxis der Moralbegründung etwa dem Erkenntnisverfahren der Diskurstheorie?

Wenn man das Moralverständnis etwa der gewöhnlichen Menschen im Abendland als empirisches Faktum unvoreingenommen zur Kenntnis nimmt, so dürfte man zu folgendem Ergebnis kommen: In diesem Verständnis spiegeln sich auf der Ebene des Laien weitgehend solche Grundpositionen wider, wie sie professionelle Moralphilosophen und Moraltheologen seit langem ausdrücklich vertreten – vom Streit zwischen Platon und den Sophisten bis hin zum Streit zwischen modernen Vernunftrechtlern oder Schöpfungstheologen und Empiristen. Der von Habermas erhobene Anspruch, sein Diskursverfahren liege tatsächlich dem alltäglichen Moralverständnis von praktisch jedermann zugrunde und spiele in der Alltagsmoral der Menschen eine «äquivalente Rolle» wie das Induktionsverfahren im Bereich der Tatsachenerkenntnis,[14] ist abwegig. Menschen, die sich zum Zweck der Gewinnung von Tatsachenerkenntnis im Alltag nicht – zumindest auch – des Induktionsverfahrens bedienen, sind bislang nirgendwo bekannt geworden. Solche Menschen müssten sich wohl tatsächlich «in den Selbstmord oder in eine schwere Geisteskrankheit flüchten». Gleiches jedoch von Menschen zu behaupten, die einer anderen Sichtweise der Moralbegründung anhängen, als sie der Diskurstheorie zugrunde liegt, ist reines Wunschdenken.

Nach alledem muss Habermas' pragmatische Form der Rechtfertigung für sein Diskursverfahren der Moralbegründung als gescheitert angesehen werden. Solange Habermas keine weitere Rechtfertigung für dieses Verfahren – als einziges Verfahren einer, wie er behauptet, objektiven Moralbegründung – vorlegt, haben wir allen Grund, an unserem Urteil, dass die Diskurstheorie ganz bestimmte inhaltliche Moralnormen ohne Begründung voraussetzt, um sie dann als Basis einer angeblichen Moralerkenntnis zu verwerten, festzuhalten. Das von Kant sehr offen angesprochene, wenngleich für unlösbar erklärte Problem, wie die Vernunft als solche, ohne jede Triebfeder eines real vorhandenen Interesses, für ein bestimmtes Verhalten einen ausreichenden Handlungsgrund darbieten kann (siehe S. 55), wird durch diese Zirkularität des Vorgehens von Habermas zwar für den oberflächlichen Leser wirkungsvoll kaschiert, einer Lösung jedoch nicht wirklich nähergebracht. Demgegenüber lässt sich, wie wir im Einzelnen noch sehen werden, auf dem Boden einer *interessenfundierten* Sichtweise der Moralbegründung – entgegen der Annahme von Kant und Habermas – der kategorische Sollensanspruch des moralischen Alltags durchaus verständlich machen.

6. Geht Hares Utilitarismus nicht zu weit?

Ein weiteres vom Denken Kants inspiriertes Prinzip der Unparteilichkeit als Basis der Moralbegründung vertritt der britische Philosoph Richard M. Hare. Die Tatsache, dass Hare seine Theorie sowohl sehr klar und ungeschminkt in ihren Prämissen offenlegt als auch in ihren Konsequenzen durch zahlreiche Beispiele verdeutlicht, erleichtert die Darstellung und Kritik dieser Theorie.[15]

Das von Hare vertretene Prinzip der Unparteilichkeit fordert von jedem Vertreter einer Moralnorm, zum Zweck der Normbildung seine Interessen oder (wie Hare sagt) Präferenzen zu *universalisieren*. Damit ist Folgendes gemeint: Moralnormen sind in ihren inhaltlichen Forderungen dem Menschen zwar nicht vorgegeben; sie sind Instrumente zur Erfüllung von Interessen. Das heißt aber nicht, dass jedes Individuum bei der Bildung der von ihm vertretenen Moralnormen einfach seine *eigenen* Interessen zugrunde legen dürfte. Das einzelne Individuum muss vielmehr die Interessen *aller* von der Norm betroffenen Individuen in einer *unparteiischen* Weise berücksichtigen. Dies geschieht dadurch, dass das einzelne Individuum sich fiktiv in die Rolle jedes anderen Individuums versetzt und sich fragt, für welche der infrage kommenden Normen es sich entscheiden würde, wenn es *sämtliche dieser Rollen nacheinander durchleben müsste.*

Ähnlich wie bei Habermas haben wir es also auch bei Hare mit der Forderung nach einem fiktiven Rollentausch zu tun. Anders jedoch als bei Habermas kann sich bei Hare jedes Individuum für sich, ohne mit den anderen Betroffenen eine (tatsächliche oder hypothetische) Debatte führen zu müssen, ein begründetes Moralurteil bilden. Und anders als bei Habermas bilden die Ausgangsbasis begründeter Moralurteile nicht ebenfalls (noch unbegründete) Moralurteile, sondern ausschließlich Interessen (vgl. S. 68).

Man muss, um das Haresche Universalisierungsprinzip angemessen verstehen und würdigen zu können, drei mögliche, aufeinander aufbauende Stufen der Universalisierung unterscheiden. Die Universalisierung *erster* Stufe verlangt lediglich, dass der Normvertreter bei der Normbildung in der folgenden Hinsicht über die eigene Person hinausgeht: Adressat sowie Begünstigter der Norm kann nicht allein er selbst, sondern muss jedes Individuum sein, auf das bestimmte inhaltliche Kriterien zutreffen. Unvereinbar mit dieser ersten Stufe der Universalisierung wäre etwa die von mir in einem konkreten Fall ohne Begründung vertretene Norm «Meine Studenten haben meine Lehrmeinungen nicht zu kritisieren»: Ich versetze mich hier nicht in die Rolle irgendeines anderen Menschen. Wenn ich dies täte, so würde ich die genannte Norm nur dann vertreten, wenn ich bereit wäre, zu ihrer Begründung die *generelle* Norm «Studenten haben die Lehrmeinungen ihrer Professoren nicht zu kritisieren» zu vertreten. Dazu aber könnte ich – aus verschiedenen Gründen – tatsächlich nicht bereit sein. Vielleicht sehe ich es ja nicht ungern, wenn die Studenten die Lehrmeinungen einiger meiner Kollegen, die ich für falsch halte, durchaus kritisieren. Die erste Stufe erweist sich nach alledem als identisch mit jenem oben (S. 13 f.) vorgestellten *Anspruch auf*

Verallgemeinerung, mit dem nach allgemeiner Meinung Moralnormen verbunden sind.

Die Universalisierung *zweiter* Stufe erfordert, dass der Normvertreter bei der Normbildung nicht nur insofern von sich selbst absieht, als er ein unverwechselbares Individuum ist, sondern auch insofern, als er gewisse – von manchen, aber nicht von allen Individuen geteilte – natürliche oder soziale *Eigenschaften* hat. Unvereinbar mit dieser zweiten Stufe der Universalisierung wäre etwa die von mir als Mann vertretene Norm «Um Kinder sollen sich ausschließlich ihre Mütter kümmern». Ich versetze mich hier zwar durchaus in die Rolle anderer Menschen (nämlich anderer Väter), aber nicht auch in die Rolle anderer Menschen mit gewissen, von mir selber nicht geteilten *natürlichen Eigenschaften*. Wenn ich selber auch nur vorübergehend eine Mutter wäre, würde ich die genannte Norm vermutlich nicht vertreten.

Entsprechendes gilt etwa für die von mir als erfolgreichem Unternehmer vertretene Norm «Unternehmer sollen ihre Gewinne maximieren ohne Rücksicht auf die Gesundheit ihrer Arbeiter». In diesem Fall verlangt die Universalisierung zweiter Stufe von mir, dass ich mich in die Rolle auch solcher anderen Individuen (der Arbeiter) hineinversetze, die gewisse von mir nicht geteilte *soziale Eigenschaften* haben. Wenn ich dies täte und mir vorstellte, unter den genannten Bedingungen ein Leben lang Unternehmer und ein (weiteres) Leben lang Arbeiter zu sein, würde ich die betreffende Norm wohl kaum vertreten. Entsprechendes dürfte im obigen Fall des Kritikverbots für Studenten gelten: Wenn ich mich als Professor – im Sinne der zweiten Stufe der Universalisierung – auch in die Rolle von Studenten versetze, werde ich die angeführte Norm wohl auch dann nicht mehr vertreten wollen, wenn ich in meiner tatsächlichen Rolle als Professor am liebsten keinen einzigen Professor kritisiert sehe.

Die Universalisierung *dritter* Stufe verlangt schließlich, dass der Normvertreter bei der Normbildung nicht nur von seinen gegebenen, natürlichen wie sozialen Eigenschaften absieht bzw. ihnen gegenüber eine unparteiische Haltung einnimmt, sondern dass er ebenso verfährt mit seinen ganz persönlichen Präferenzen oder Interessen, also seinen Wünschen, Zielen, Werthaltungen und Idealen. Er muss somit die subjektiven Einstellungen genauso wie die objektiven Lebensumstände sämtlicher Betroffenen in seinen Normbildungsprozess einbeziehen: Er muss in einem *alles umfassenden* Sinn unparteiisch sein oder universalisieren.

Unvereinbar mit dieser dritten Stufe der Universalisierung wäre etwa die von einem kompromisslosen Individualisten vertretene Norm «Niemand soll einem anderen Menschen jemals Hilfe leisten». Dieser Individualist versetzt sich zwar möglicherweise in die Rolle aller anderen Menschen mit beliebigen objektiven Eigenschaften (also auch in die Rolle extrem Not leidender Menschen) und kommt insofern der Universalisierungsforderung zweiter Stufe durchaus nach. Er hält aber gleichzeitig unverändert fest an seinen eigenen – von den meisten anderen Menschen keineswegs geteilten – rigoros individualistischen Einstellungen und Idealen. Er verstößt insofern gegen die Universalisierungsforderung dritter Stufe.

Ohne diese dritte Stufe der Universalisierung brauchte beispielsweise sogar ein Rassist auf seine Forderung nach Diskriminierung nicht unbedingt zu verzichten – sofern er in seiner ideologischen Einstellung nur fanatisch genug ist, an dieser Forderung auch für den Fall festhalten zu wollen, dass er selber der diskriminierten Rasse angehört. Diese Bedingung mag zwar in der Realität selten erfüllt sein; ausgeschlossen ist sie jedoch nicht. Es kommt durchaus vor, dass Angehörige tatsächlich diskriminierter Gruppen aus weltanschaulichen Gründen selbst wollen, dass der Status quo ihrer Diskriminierung in der sozialen Wirklichkeit keine Änderung erfährt.

Die von Hare geforderte umfassende Universalisierung bei der moralischen Urteilsbildung führt im Ergebnis eindeutig dazu, dass jedes Individuum bei richtiger Anwendung des Verfahrens *dieselben* Moralnormen vertreten wird. Denn A und B müssen selbst dann exakt dieselben Interessen moralisch berücksichtigen, wenn sie tatsächlich ganz unterschiedliche Interessen haben. Für einen ethischen Relativismus bleibt somit kein Raum.

Das Haresche Verfahren führt in der Praxis außerdem, weil jedes Individuum sämtliche betroffenen Interessen allein nach ihrem Gewicht und ohne Ansehen der Person berücksichtigen muss, notwendigerweise zu einem ethischen Utilitarismus. Begründet ist eine Moralnorm danach immer dann, wenn sie zu einer möglichst weitgehenden Realisierung bzw. Befriedigung der Interessen sämtlicher Betroffenen führt. Über den Utilitarismus als ethische Theorie ist seit mehr als zweihundert Jahren – pro und contra – außerordentlich viel geschrieben worden. Das Besondere des Hareschen Utilitarismus liegt darin, dass Hare das oberste Prinzip utilitaristischer Ethik nicht einfach voraussetzt oder zum Gegenstand intuitiver Erkenntnis erklärt, sondern unter Anwendung seines ausgearbeiteten, jedermann nachvollziehbaren Verfahrens der Universalisierung im Einzelnen begründet. Die enge Verknüpfung zwischen Verfahrenstheorie und inhaltlichem Utilitarismus macht die besondere Bedeutung der Hareschen Sichtweise der Moralbegründung aus.

Gerade deshalb können wir dem universalistischen Verfahrensprinzip Hares – ebenso wie zuvor den entsprechenden Prinzipien Kants und Habermas' – natürlich die Frage nicht ersparen, ob es seinem Anspruch, bei richtiger Anwendung zu Moralnormen, die objektiv begründet sind, zu führen, wirklich gerecht wird. Das aber hängt auch in diesem Fall allein davon ab, ob das entsprechende Verfahrensprinzip seinerseits in irgendeiner Weise überzeugend begründet werden kann.

Die Begründung, die Hare selber für sein Verfahrensprinzip der Moralbegründung gibt, hat zwei Aspekte. In erster Linie argumentiert er, dass der *Begriff* der Moral, wie wir alle ihn täglich verwenden, bei genauer Betrachtung die Forderung nach Universalisierung in dem von ihm vertretenen Sinn beinhaltet. Zweitens versucht er zu begründen, warum es für jeden von uns auch durchaus *rational* ist, sich an den im Einklang mit der Forderung nach Universalisierung ermittelten Moralnormen in der Lebenspraxis zu orientieren. Wir wollen uns diesen beiden Aspekten nunmehr kritisch zuwenden.

Trifft es zu, dass der Begriff der Moral (bzw. der Moralnorm oder der moralisch richtigen oder gesollten Handlung) in unserer Sprache die Forderung nach Universalisierung automatisch einschließt? Dies trifft, wie schon ausgeführt (S. 13 f.), nach einem verbreiteten Sprachgebrauch sicher auf die erste der drei Stufen der Universalisierung zu. Sonst könnten die meisten ganz alltäglichen moralischen Argumentationen oder Streitgespräche offenbar gar nicht erst in Gang kommen. Durchaus fragwürdig jedoch ist die Haresche Annahme, dass dies auf die Forderung nach *umfassender* Universalisierung (auf allen ihren Stufen) zutrifft.

Wir können die Richtigkeit dieser Annahme am besten dadurch testen, dass wir uns fragen, inwieweit der Normalbürger in der Praxis tatsächlich bereit ist, die mit einer umfassenden Universalisierung verbundenen utilitaristischen Konsequenzen als begründete Moralnormen zu betrachten. Erforderlich hierfür ist zwar nicht, dass der Normalbürger in diesen Konsequenzen ohne weiteres von ihm bereits vertretene Moralnormen erkennt, wohl aber, dass er nach Einsicht in ihre Gewinnung durch das Verfahren der Universalisierung bereit ist, sich diesen Konsequenzen, selbst wenn sie seinen überkommenen Moralauffassungen zuwiderlaufen, nicht zu versagen. Denn wer die Konsequenzen eines Verfahrensprinzips nicht als begründete Moralnormen ansehen will, erblickt in Wahrheit in diesem Prinzip auch nicht das per definitionem leitende Prinzip jeder Moralbegründung.

Wenn wir uns jene beispielhaften Konsequenzen, auf die ich im Vorangehenden zur Verdeutlichung der Universalisierungsstufen 2 und 3 hinwies (S. 80 f.), erneut vor Augen führen, so dürfte kaum ein Zweifel bestehen, dass der Normalbürger diese Konsequenzen ohne weiteres als begründete Moralnormen betrachten würde. Trotzdem wäre es ein eklatanter Fehlschluss, bereits darin eine hinreichende Bestätigung der Hareschen Annahme zu erblicken. Dass jemand bereit ist, *einige* Konsequenzen eines bestimmten Prinzips zu akzeptieren, ist zwar mit seiner Akzeptanz dieses Prinzips vereinbar, *beweist* diese Akzeptanz aber in keiner Weise.

Sonst würde etwa die Tatsache, dass jemand das allgemeine Tötungsverbot als begründete Moralnorm ansieht, ja auch beweisen, dass er die Bibel als höchste und einzige Autorität in moralischen Fragen ansieht; denn die Bibel enthält bekanntlich dieses Verbot. Die Bibel bietet jedoch keineswegs die einzig denkbare Begründung für dieses Verbot. Und die Haresche Universalisierung bietet keineswegs die einzig denkbare Begründung für das Verbot von Ausbeutung oder Diskriminierung. (Eine andere, von meines Erachtens eher realistischen Voraussetzungen ausgehende Form der Begründung werden wir in den folgenden Kapiteln kennenlernen.) Tatsächlich akzeptiert nur derjenige ein bestimmtes Prinzip, der gleichzeitig bereit ist, *sämtliche* Konsequenzen dieses Prinzips zu akzeptieren. Mit anderen Worten: Wenn er auch nur eine einzige Konsequenz dieses Prinzips *nicht* zu akzeptieren bereit ist, so beweist dies, dass er in Wahrheit auch das Prinzip selbst nicht akzeptiert.

Es ist nun aber nicht besonders schwierig, sich utilitaristische Konsequenzen des Hareschen Prinzips auszudenken, die der Normalbürger wohl kaum als begründete Moralnormen ansehen würde. Man betrachte die beiden folgenden Beispiele. 1. Gilt es in wohlhabenden Gesellschaften wie der unseren durchweg als eine begründete Moralnorm, dass zumindest jeder überdurchschnittlich Verdienende regelmäßig einen beträchtlichen Teil seines Einkommens zur Linderung der Armut in der Dritten Welt spenden soll? 2. Gilt es allgemein als eine begründete Moralnorm, dass jemand, der bei einem Unfall (etwa einem Hausbrand) mit der Alternative konfrontiert ist, entweder sein eigenes Kind oder zwei fremde Kinder zu retten, moralisch zur Rettung der zwei fremden Kinder verpflichtet ist?

Die Antwort dürfte in beiden Fällen ein eindeutiges Nein sein – was ja nicht ausschließt, dass es durchaus *einige* Individuen gibt, die die genannten Moralnormen tatsächlich vertreten. Dass jedoch bereits die *zweite* Stufe der Hareschen Universalisierung die Vertretung dieser Normen, die offensichtlich im Einklang mit dem Utilitarismus stehen, unter gewöhnlichen Bedingungen durchaus fordert, möge sich jeder Leser selbst klarmachen.

Es lässt sich in diesen Fällen auch nicht argumentieren, die betreffenden Normen seien in Wahrheit gar keine Konsequenzen eines *richtig* verstandenen Utilitarismus – für den es auf die Folgen der *dauerhaften Akzeptanz* einer Norm in der sozialen Realität ankomme. Es mag zwar mit dem utilitaristischen Konzept vereinbar sein, im Sinne eines sogenannten Regelutilitarismus auf die wahrscheinlichen Folgen der Akzeptanz von Normen abzustellen. Aber auch dieses Vorgehen führt jedenfalls in den obigen Fällen keineswegs zu anderen als den genannten Ergebnissen. Wenn manche Utilitaristen mit dieser Strategie versuchen, *alle möglichen* gängigen Moralurteile als ohne weiteres vereinbar mit ihrer Theorie hinzustellen, so lassen sie in Wahrheit diese Theorie zu einem bloßen, akademisch gepflegten Lippenbekenntnis verkommen – vergleichbar jenen Theologen, die die übliche moralische Einstellung gläubiger Christen für ohne weiteres vereinbar halten mit der Akzeptanz des biblischen Gebots «Liebe deinen Nächsten wie dich selbst».

Am wenigsten erfolgversprechend dürfte aber jeder Versuch sein, speziell die *dritte* Stufe der Hareschen Universalisierung als Forderung dessen, was der Normalbürger unter «Moral» versteht, zu erweisen. Denn diese dritte Stufe verlangt von uns im Ergebnis nicht nur, etwa die eigenen unaufgeklärt ideologischen, ja fanatischen Werthaltungen oder Ideale zugunsten unparteiisch gebildeter Moralnormen preiszugeben (wie im Fall des Rassisten); wir müssen vielmehr, wenn wir konsequent sind, mit *allen* unseren subjektiven Idealen und Vorlieben ebenso verfahren. Dazu aber dürften die meisten Menschen in den meisten Fällen keineswegs bereit sein.

Angenommen, der bekannte und reiche Unternehmer U hält sich und seinesgleichen moralisch für verpflichtet, mit regelmäßigen Geldbeträgen das Kulturleben der nahen Universitätsstadt zu fördern. Aus diesem Grund plant er als

Liebhaber Alter Musik, ein jährliches Festival «Lautenmusik der Renaissance» ins Leben zu rufen. Student S, der dringend noch einen potenten Geldgeber für sein geplantes Rockfestival sucht, liest von Us Absicht und bittet U, mit seiner Förderung auf das Rockprojekt umzuschwenken. Es fällt S auch nicht schwer, U unter Hinweis auf entsprechende Veranstaltungen in anderen Universitätsstädten davon zu überzeugen, dass ein jährliches Rockfestival im Vergleich mit einem jährlichen Festival «Lautenmusik der Renaissance» eher den Interessen einer weit größeren Anzahl von Individuen entsprechen würde. Als U sich trotzdem unter Hinweis auf die Tatsache, dass er selber jede Rockmusik verabscheue, als wenig zugänglich erweist, versucht S es mit dem Hinweis, dass U, da er offenbar hohe moralische Anforderungen an sich stelle, doch sicher auch das Prinzip einer umfassenden Interessenuniversalisierung akzeptiere.

Man wird an dem Ergebnis kaum vorbeikommen, dass 1. die Haresche Universalisierung hier tatsächlich zu dem von S gewünschten Ergebnis führt und dass 2. diese Tatsache U bei seiner Entscheidung wahrscheinlich völlig unberührt lässt. In diesem Zusammenhang sei auch darauf hingewiesen dass der Utilitarismus, wie herkömmlich verstanden, nicht etwa nur einen unparteiischen *Verzicht auf Verletzung* von Interessen, sondern ebenfalls eine unparteiische *Unterstützung der Realisierung* von Interessen fordert. An eine solche Forderung aber knüpft sich für mich spontan die Frage: Böte eine Welt, in der *alle* Menschen sich *stets* vom Utilitarismus leiten ließen, überhaupt noch die Voraussetzung dafür, dass ganz persönliche Lebensideale und Vorlieben – angesichts der allgemein vorhandenen Bereitschaft, das eigene Handeln stets am moralischen Prinzip der Unparteilichkeit auszurichten – beim Individuum entstehen könnten und kultiviert würden?

Die angeführten Beispiele machen deutlich, wie wichtig es ist, sich nicht auf Beispiele eines bestimmten Typs zu beschränken, wenn man die Frage der Akzeptanz eines sehr allgemeinen Prinzips durch eine bestimmte Person oder Gesellschaft prüfen will. Der Leser sei insofern aufgefordert, sich weitere Beispiele, die in die eine oder in die andere Richtung weisen könnten, zu überlegen. Im Verlauf einer solchen Überlegung wird er feststellen, dass es nicht nur, wie schon dargestellt, Beispiele gibt, in denen der Utilitarismus im Vergleich mit unserem moralischen Alltagsdenken offenbar zu *strikte* Konsequenzen hat, sondern dass es ebenfalls leicht möglich ist, dass die Konsequenzen des Utilitarismus – gerade umgekehrt – in mancher Hinsicht zu *liberal* sind. Könnte, um nur ein einziges Beispiel zu nennen, der Utilitarismus nicht etwa dazu führen, dass ein Arzt einen relativ alten Menschen ohne weiteres töten darf, wenn er nur so – im Wege einer Transplantation seiner Organe – zwei junge Menschen retten kann?

Kommen wir nun zum zweiten Aspekt der Hareschen Begründung für den Universalismus. Er betrifft die Frage: Ist es für jedermann unter allen Umständen wirklich rational, die im Einklang mit der Forderung nach Universalisierung ermittelten utilitaristischen Moralnormen im Alltag zu vertreten und zu akzeptieren? Es ist wichtig zu sehen: Diese Frage stellt sich für die Haresche Moraltheorie in *jedem* Fall, also auch dann, wenn es tatsächlich – entgegen meinen obigen Ausführungen – zutreffen sollte, dass der in unserer Gesellschaft gängige Moralbegriff die Forderungen nach einer umfassenden Universalisierung einschließt. (Es ist ja nicht undenkbar, dass der gängige Moralbegriff eines Tages diese Bedingung tatsächlich erfüllt.)

Denn selbst unter dieser Bedingung kann ein Universalisierungskritiker ohne weiteres wie folgt argumentieren: Es mag zwar zutreffen, dass der Moralbegriff üblicherweise so verwendet wird, dass er die Forderung nach Universalisierung einschließt. Warum aber soll ich mein Verhalten daran orientieren, was nach allgemeinem Sprachgebrauch «moralisch» ist? Ich bin ja gar nicht darauf angewiesen, den Moralbegriff überhaupt zu verwenden. Anders gesagt: Ich gebe zwar gern zu, dass ich erkenne, dass der gängige Moralbegriff von mir verlangt, meine Interessen zu universalisieren; keineswegs aber gebe ich zu, dass ich ebenfalls erkenne, dass es auch objektiv begründet ist, dass man sich in seinem Verhalten ausgerechnet vom Universalisierungsprinzip des gängigen Moralbegriffs leiten lassen muss.

Es ist einer der Vorzüge der Hareschen Unparteilichkeitstheorie gegenüber den entsprechenden Theorien von Kant und Habermas, dass Hare dieser Fragestellung nachgeht. Hare nennt nämlich in diesem Zusammenhang ausdrücklich Gründe, die seines Erachtens allein vom egoistischen Standpunkt der Klugheit aus für jedermann in hohem Maße dafür sprechen, sich in der Lebenspraxis an der Moral, verstanden im universalistischen Sinn, zu orientieren. Diese Gründe laufen im Wesentlichen darauf hinaus, dass es dem Ansehen und Glück des Einzelnen diene, in Harmonie mit der Gesellschaft und ihren Normen zu leben, und dass es für den Einzelnen bei langfristiger Betrachtung wenig Erfolg versprechend sei, im Alltag nur die eigenen Interessen zu verfolgen und die Berücksichtigung der Interessen anderer bei Bedarf nur vorzutäuschen.

Diese und ähnliche Gründe haben bei realistischer Betrachtung im Allgemeinen sicher einiges für sich. Im Kontext der Hareschen Theorie jedoch verfehlen sie in zweierlei Hinsicht deutlich ihr Ziel. Erstens sind sie nicht objektiver

Natur, sondern allenfalls intersubjektiv überzeugend, da sie an vorhandene Interessen der Individuen anknüpfen. Hare kann insoweit also seinem Anspruch, eine objektive Begründung von allgemein verbindlichen Verhaltensnormen zu liefern, nicht gerecht werden. Und zwar würde dies selbst dann gelten, wenn er mit seiner Analyse des gängigen Moralbegriffs im Sinn der Forderung nach Universalisierung Recht hätte.

Zweitens aber sind diese Gründe nicht einmal intersubjektiv überzeugend, da sie ungeeignet sind, jedenfalls die *allgemeine Vertretung und Akzeptanz* gerade jener Normen als begründet zu erweisen, die dem Hareschen Universalisierungsgebot entsprechen. Um dies klar zu sehen, müssen wir im Zusammenhang mit dem Thema «Moral und Klugheit» – oder richtiger: mit dem Thema «Moral und die Realisierung eigener Interessen» – die folgende wichtige Unterscheidung treffen. Wir müssen die Frage, welche Normen A aus Interessenerwägungen in seiner Gesellschaft rationalerweise *in Geltung wünschen* wird, unterscheiden von der Frage, welche in seiner Gesellschaft *tatsächlich geltenden* Normen A aus Interessenerwägungen im täglichen Leben rationalerweise *befolgen* wird.

Was Hare mit seiner oben angeführten Argumentation eines harmonischen Zusammenlebens möglicherweise überzeugend dartun kann, ist dies: A tut im Sinn der zweiten Fragestellung gut daran, die in seiner Gesellschaft tatsächlich geltenden Normen weitgehend zu befolgen. Er tut also auch gut daran, die im Einklang mit dem Universalisierungsgebot stehenden Moralnormen zu befolgen – sofern diese, wovon Hare ja ausgeht, tatsächlich in As westlich liberaler Gesellschaft gelten. Aus demselben Grund würde aber auch B, sofern er in einer traditionell islamischen Gesellschaft lebt, selbst als Freigeist gut daran tun, sich im Alltag an den religiös begründeten Moralkodex *seiner* Gesellschaft zu halten. Was wir aber eigentlich wissen möchten, ist doch, ob sich das Universalisierungsgebot im Sinn der *ersten* Fragestellung begründen lässt: Wir möchten wissen, ob es Interessengründe gibt, eine universalistisch fundierte, utilitaristische Moral überhaupt zu favorisieren, und zwar ganz unabhängig davon, ob eine solche Moral in unserer oder in irgendeiner Gesellschaft tatsächlich in Geltung ist oder nicht. Anders ausgedrückt: Wir möchten wissen, ob es für uns rational ist, eine utilitaristische Moral, *falls* sie bei uns in Geltung ist, in ihrer Geltung zu bestärken bzw., falls sie bei uns *nicht* in Geltung ist, in Geltung zu setzen und zu institutionalisieren. Die Antwort auf diese Frage ist aber offenbar völlig unabhängig von der oben genannten Antwort auf die *zweite* Frage. Denn wir würden ja wohl kaum behaupten wollen, dass die religiöse Moral des Islam für B schon deshalb *in jeder Hinsicht* begründet ist, weil es für B unklug wäre, sich ihr im Alltag zu widersetzen. Natürlich könnte B doch gute Gründe haben, diese Moral gleichzeitig auf einer anderen Ebene zu bekämpfen.

Hare schuldet uns, um seinem Anspruch gerecht zu werden, eine Begründung dafür, dass wir den utilitaristischen Universalismus *als solchen* gutheißen und nicht ablehnen sollen. Vielleicht würde Hare in diesem Zusammenhang ja Folgendes behaupten: Ich habe nicht nur gezeigt, dass es für den Einzelnen aus Interessengründen vernünftig ist, sich im Alltag der Moral seiner Gesellschaft anzupassen. Ich habe ebenfalls gezeigt, dass es für den Einzelnen vernünftig ist, generell in einer Gesellschaft mit einer Moral zu leben – in einer Gesellschaft also, in der man seinem Egoismus nicht freien Lauf lässt. Ich habe also gezeigt, dass die Akzeptanz von Moralnormen für den Einzelnen aus Interessenerwägungen durchaus rational ist.

Nun, es mag zutreffen, dass Hare dies – zumindest ansatzweise – tatsächlich gezeigt hat. Trotzdem wird für den aufmerksamen Betrachter gerade an diesem Punkt die letztlich entscheidende Lücke in der Hareschen Argumentation für das Universalisierungsgebot deutlich. Denn dass man vernünftigerweise nicht als Egoist, sondern unter einem sozialen Dach von Moralnormen lebt, die man gemeinsam mit den anderen Mitgliedern der Gesellschaft akzeptiert, ist *eine* These. Dass diese Moralnormen aber das Resultat der Anwendung eines universalistischen Verfahrensprinzips sein müssen, ist eine *andere* These, die viel weiter geht. Hare suggeriert zu Unrecht, dass die Wahl zwischen Alltagsegoismus und universalistischer Moral eine erschöpfende Alternative ist. Es gibt in Wahrheit durchaus noch andere Moralkonzepte (siehe die folgenden Kapitel), die man als Alternative zum Handlungsprinzip des Egoismus ernsthaft in Betracht ziehen kann. Hare versäumt zu zeigen, ja auch nur dafür zu argumentieren, dass es unter Interessengesichtspunkten gerade der Universalismus ist, der anderen von Interessen ausgehenden Moralkonzepten, intersubjektiv betrachtet, überlegen ist.

An dieser Stelle sei ausdrücklich darauf hingewiesen, dass von meiner vorangehenden Kritik an Hares Moraltheorie die *erste* Stufe der Universalisierung (siehe S. 79 f.) ausgenommen ist. Diese erste Stufe ist nicht nur, wie oben (S. 13 f.) ausgeführt, in unserem gängigen Moralbegriff enthalten. Es spricht auch alles dafür (wie unter anderem im nächsten Kapitel deutlich wird), dass die Verallgemeinerung von Moralnormen im Sinne des Verzichts auf Eigennamen, wie von der ersten Stufe gefordert, vom aufgeklärten Interessenstandpunkt des normalen Individuums aus zweifellos begründbar ist: Auch der Egoist hat keine realistische Chance, in seiner Gesellschaft eine Moralnorm zur Geltung zu bringen (wie etwa «Jeder außer Norbert Hoerster darf nicht lügen und nicht stehlen»), an deren Geltung nur er selber ein Interesse haben kann. Die verschiedenen angeführten Beispiele dürften aber deutlich gezeigt haben, wie weit Hares *umfassende* Universalisierung im Sinne aller drei Stufen über das bloße Verallgemeinerungsprinzip der ersten Stufe hinausgeht.

Ich komme zu folgendem Resümee. Die Frage, ob die Forderung nach umfassender Universalisierung in unserem gängigen Moralbegriff enthalten ist oder nicht, ist für die eigentliche *Begründungsfrage* der Moral, entgegen dem von Hare gegebenen Eindruck, nur von sekundärer Bedeutung. Auf die eigentliche Begründungsfrage aber bleibt Hare, ebenso wie Kant und Habermas, die Antwort schuldig. Er nennt nämlich weder einen objektiven, also für jedes rationale Individuum unabhängig von seinen gegebenen Interessen verbindlichen Grund, sich in seinen Moralurteilen vom Universalismus leiten zu lassen. Noch nennt er einschlägige Gesichtspunkte, die es auf der Basis der gegebenen Interessen des durchschnittlichen Individuums subjektiv – und insoweit intersubjektiv – begründet erscheinen lassen, gerade jene Moralnormen zu vertreten und zu akzeptieren, die sich aus der Forderung nach umfassender Universalisierung als Konsequenz ergeben. Wie anderen Vertretern einer utilitaristischen Ethik vor ihm, so ist es auch Hare mithilfe seines universalistischen Konzepts der Unparteilichkeit letztlich nicht gelungen, überzeugende Gründe für eine allgemeine Zustimmung zu einer utilitaristischen Sichtweise moralischen Sollens zu präsentieren.

7. Warum es auf die Interessen des Individuums ankommt

Im Vorangehenden habe ich zu zeigen versucht, dass es
1. keine den Menschen vorgegebenen inhaltlichen Moralnormen gibt, die wir als objektiv verbindlich erkennen können,
(siehe Kap. 2 und 3), und dass es 2. ebenfalls kein den Menschen vorgegebenes, formales Verfahrensprinzip gibt, dessen
Anwendung zu objektiv verbindlichen und eindeutigen Moralnormen führt (siehe Kap. 4–6). Besonders was den zweitgenannten Begründungstyp angeht, lässt sich natürlich nicht
ausschließen, dass neue Versionen dieses Typs auftauchen
und zu prüfen sind; immerhin glaube ich, die bislang wichtigsten Versionen als kaum überzeugend erwiesen zu haben.
(Eine weitere, weniger philosophische als populäre Version,
die sogenannte Goldene Regel, habe ich in einem anderen
Buch ausführlich behandelt und kritisiert.[16])

Wie oben (S. 19) ausgeführt, gibt es neben den beiden genannten denkbaren Begründungstypen von Moralnormen
noch einen dritten Typ, der nun dargestellt werden soll. Um
das Ergebnis vorwegzunehmen: Ich möchte zeigen, dass sich
bestimmte Moralnormen durchaus insofern intersubjektiv
begründen lassen, als sie den (aufgeklärten) Interessen (so
gut wie) aller Menschen dienen. Nach dieser Auffassung gibt
es zwar keine objektiv verbindlichen und als solche erkennbaren Moralnormen, wohl aber Moralnormen, die rational

eingestellte Menschen auf der Basis ihrer Interessen vernünftigerweise vertreten und in Geltung setzen. Die Moral kann, so gesehen vergleichbar etwa mit dem Haus oder mit dem Rad, als eine menschliche Erfindung betrachtet werden, die im Prinzip allen Menschen zugute kommt.

Welche Moralnormen aber dienen tatsächlich den Interessen der Menschen und werden deshalb vernünftigerweise von diesen in Geltung gesetzt? Um diese Frage beantworten zu können, müssen wir zunächst klären, was genau wir unter einem Interesse verstehen wollen. Wie wir sehen werden, ist das Wort «Interesse» in hohem Maße präzisionsbedürftig.

Unter einem Interesse versteht man häufig einfach einen Wunsch, den jemand hat. Gegenstand des Wunsches kann dabei sowohl ein eigenes als auch ein fremdes Handeln, ja im Prinzip jeder mögliche Weltzustand sein. So kann ich den Wunsch haben, dass ich morgen ins Theater gehe oder dass mich am Wochenende ein Freund besucht oder dass die alte Bausubstanz meiner Geburtsstadt erhalten bleibt. In allen diesen Fällen habe ich offenbar auch ein entsprechendes Interesse. Im Folgenden wird es in erster Linie um Interessen an bestimmten Handlungen gehen.

Außer dem soeben genannten weiten gibt es aber auch noch einen engeren Begriff von Interesse, den man benutzt, wenn man sagt, etwas sei oder liege «in meinem Interesse». So verstanden, würde man wohl sagen, der Theaterbesuch, an dem ich ein Interesse im Sinn eines Wunsches habe, sei trotzdem nicht «in meinem Interesse», falls ich etwa an einer schweren Grippe erkrankt bin. Und wenn ich etwa den spontanen Wunsch habe, nach einer durchzechten Nacht mit dem eigenen Auto nach Hause zu fahren, so wird man wohl ebenfalls nicht sagen wollen, diese Autofahrt liege «in meinem Interesse». Warum aber wird man dies nicht sagen wollen? Ich denke, man wird es deshalb nicht sagen wollen, weil man meinen diesbezüglichen Wunsch – also mein Interesse im weiten Sinn des Wortes – aus naheliegenden Gründen für ausgesprochen unvernünftig hält.

Wenn ich im Folgenden das Wort «Interesse» benutze, so verstehe ich darunter regelmäßig nur ein Interesse im engeren Sinn, also einen Wunsch, der als ein vernünftiger oder, wie ich auch sagen werde, *aufgeklärter* Wunsch gelten kann. Was aber verstehe ich näher unter einem aufgeklärten Wunsch? Unter einem aufgeklärten Wunsch verstehe ich einen Wunsch, den jemand unter bestimmten Rationalitätsbedingungen gebildet hat, nämlich unter den Bedingungen der Urteilsfähigkeit und Informiertheit. Denn nur unter diesen Bedingungen können wir mit Sicherheit sagen, dass der Wunsch auf etwas abzielt, das der Betreffende *wirklich und eigentlich*, im tieferen Sinn des Wortes wünscht.

Wenn beispielsweise A im betrunkenen Zustand den Wunsch hat, an den Nordpol zu reisen, oder wenn B zwar im nüchternen Zustand eine Nordpolreise wünscht, über die näheren Umstände einer solchen Reise aber überhaupt nicht informiert ist, dann können die Wünsche von A und B sicher nicht als aufgeklärt und insofern auch nicht als ihre (aufgeklärten, wirklichen) Interessen betrachtet werden.

Jeder Leser wird im Wesentlichen wissen, was man unter einem Zustand der *Urteilsfähigkeit* zu verstehen hat. Ein Kleinstkind oder ein schwer Geisteskranker beispielsweise ist generell nicht urteilsfähig – und deshalb auch nicht fähig, einen aufgeklärten Wunsch zu bilden. Aber auch ein normaler Erwachsener ist unter Umständen zeitweise nicht urteilsfähig – sofern er etwa betrunken oder aus irgendwelchen anderen Gründen nicht dazu in der Lage ist, alle für seinen Wunsch relevanten Umstände vorurteilsfrei und nüchtern zu beurteilen.

Unter dem Zustand der *Informiertheit* verstehe ich Folgendes: Der Wünschende muss alles ihm prinzipiell zugängliche Wissen besitzen, das für seinen Wunsch insofern *relevant* ist, als seine Kenntnis davon den Inhalt seines Wunsches bestimmen oder beeinflussen kann. So ist etwa mein oben genannter Wunsch nach einem Theaterbesuch dann nicht in relevanter Hinsicht informiert und deshalb unaufgeklärt, wenn an dem betreffenden Abend entgegen meiner Annahme ein Stück gespielt wird, an dem mir wenig liegt. Denn wenn ich richtig informiert wäre, wäre mein Wunsch, an dem betreffenden Abend zu Hause Musik zu hören, deutlich stärker als mein Wunsch, ins Theater zu gehen. Wenn ich in Unkenntnis der Lage trotzdem wünsche, ins Theater zu gehen, so ist dies jedenfalls kein aufgeklärter Wunsch, und ich habe insofern kein wirkliches Interesse an dem Theaterbesuch. Mein handlungsrelevantes Wissen hat sich dabei sowohl auf die Details der Handlung selbst als auch auf ihre Voraussetzungen und Folgen zu beziehen.

Dabei ist zu bedenken: Ein Interesse im genannten Sinn habe ich grundsätzlich nicht nur an der Handlung selbst, die Ziel meines aufgeklärten Wunsches ist. Ein Interesse habe ich außerdem ganz offensichtlich auch an jenen Handlungen, die notwendige Voraussetzungen dafür sind, dass ich die gewünschte Handlung ausführen kann. So habe ich etwa, wenn ich ein Interesse daran habe, meinen nächsten Urlaub auf Mallorca zu verbringen, ebenfalls ein Interesse daran, für meine Reise nach Mallorca einen passenden, möglichst günstigen Flug zu buchen. Mein Interesse an dem Flug beziehungsweise der Buchung des Fluges als Mittel zum Zweck kann man insoweit als ein indirektes oder mittelbares Interesse bezeichnen.

Ja, an dieser Stelle wird deutlich, dass einem Interesse nicht einmal notwendig ein bewusster Wunsch zugrunde liegen muss. Denn ein mittelbares Interesse habe ich als Fluggast natürlich auch an allen erforderlichen Maßnahmen seitens der Flugsicherung, obschon ich diese Maßnahmen im Einzelnen gar nicht kenne und deshalb auch nicht explizit wünschen kann. Und ein Interesse an einer baldigen Operation hat auch etwa ein Mensch, dem gar nicht bewusst ist, dass er ohne diese Operation bald sterben müsste.

Um im Folgenden zu zeigen, dass es im Interesse aller Menschen ist, sich für die Geltung bestimmter Moralnormen einzusetzen, gehe ich zunächst einmal davon aus, dass es rational oder vernünftig für einen Menschen ist, seine Interessen zu realisieren, also solche Handlungen, an deren Ausführung er ein (unmittelbares oder mittelbares) Interesse hat, auch tatsächlich auszuführen. Diese Annahme erscheint mir in der Tat als selbstverständlich und nicht weiter begründungsbedürftig; denn wenn ich unter den oben genannten Rationalitätsbedingungen den Wunsch habe, eine bestimmte Handlung auszuführen, dann kann es nur rational oder vernünftig sein, diese Handlung auch auszuführen. Wenn ich in einem urteilsfähigen Zustand in Kenntnis und nach nüchterner Beurteilung aller relevanten Umstände demnächst ins Theater gehen möchte, dann kann es nur rational oder vernünftig für mich sein, demnächst ins Theater zu gehen.

Dies gilt jedenfalls dann, wenn es entsprechend meiner Auffassung keine objektiv verbindlichen Moralnormen gibt – Moralnormen also, die unter Umständen gegen meinen Theaterbesuch sprechen könnten. Ob und inwieweit die nun zu begründenden Normen einer *interessenfundierten*

Moral die Realisierung meiner aktuellen Wünsche als unvernünftig erweisen können, wird noch zu klären sein (siehe S. 129f.).

Schon an dieser Stelle möchte ich in aller Deutlichkeit sagen: Auch ein aufgeklärtes Interesse ist und bleibt das *subjektive* Interesse eines bestimmten Individuums. Objektive Interessen gibt es nach meiner Auffassung nicht. Denn wenn es sie gäbe, würde es sich ja um Interessen handeln, die *jedes* Individuum – völlig losgelöst von jenen Wünschen, die es unter Rationalitätsbedingungen auch wirklich hat – rationalerweise sich bewusst machen und verfolgen *müsste*. Die Annahme objektiver Interessen läuft deshalb auf nichts anderes hinaus als auf die Annahme objektiv verbindlicher Normen – Normen, die als solche vor den subjektiven Interessen jeder Art Vorrang haben. Normen dieser Art aber gibt es nach meiner Sichtweise nicht.

Dass alle individuellen Interessen notwendig subjektiver Art sind, heißt freilich nicht, dass die Interessen vieler oder sogar aller Individuen nicht denselben Inhalt haben können und insofern zu denselben *intersubjektiv* begründeten Handlungen der Individuen führen können. Richtig ist zwar, dass die Menschen in vielerlei Hinsicht tatsächlich *keine* gleichen Interessen haben: Es gibt ja nicht nur die unterschiedlichsten, frei gewählten Berufe; auch die Hobbies der Menschen unterscheiden sich bekanntlich stark. Und es spricht nichts dagegen, dass diesen ganz unterschiedlichen Lebensformen jedenfalls häufig auch durchaus unterschiedliche aufgeklärte Interessen der betreffenden Menschen zugrunde liegen.

Mit dieser Feststellung vereinbar ist jedoch, dass es ebenfalls gewisse – grundlegende oder elementare – Interessen gibt, die alle (oder so gut wie alle) Menschen gemeinsam haben. Und ich möchte nun im Einzelnen zeigen, um welche Interessen es sich hierbei handelt und dass sich auf Basis dieser Interessen eine Moral intersubjektiv begründen lässt.

Jeder Mensch hat normalerweise ein Interesse daran, auch in Zukunft noch zu leben. Zum einen hat er daran ein unmittelbares Interesse und zum anderen hat er ein unmittelbares Interesse an einer Vielzahl zukünftiger Handlungen und Erlebnisse, die ohne sein Weiterleben nicht realisierbar sind. Jeder Mensch hat insofern also auch ein Interesse daran, nicht getötet zu werden. Und dieses Interesse ist ihm selbst dann, wenn er gelegentlich vielleicht auch ein Interesse haben sollte, einen anderen Menschen zu töten, auf lange Sicht jedenfalls wichtiger als das Tötungsinteresse. Also dient ein moralisches (wie auch rechtliches) Tötungsverbot, das sein eigenes Leben schützt, insgesamt gesehen seinen Interessen. Und es ist rational für ihn, sich für die Geltung eines solchen Tötungsverbots einzusetzen bzw. ein bereits geltendes Tötungsverbot zu unterstützen. Das Tötungsverbot ist insofern für jeden Menschen und damit intersubjektiv begründet.

Es ist wichtig zu sehen: Diese Form intersubjektiver Begründung setzt nicht unbedingt voraus, dass alle Individuen ein *identisches* Interesse haben. Denn A ist ja (jedenfalls primär) an As Weiterleben und B an Bs Weiterleben interessiert. Trotzdem ist das Tötungsverbot offensichtlich geeignet, den beiden unterschiedlichen Interessen zu dienen, da diese jedenfalls *gleichgerichtet*, das heißt formal auf das gleiche Objekt – das Leben von Menschen – gerichtet sind, das durch das Verbot geschützt wird.

Gibt es neben dem Tötungsverbot noch weitere Moralnormen, deren Geltung in jedermanns Interesse liegt und somit intersubjektiv begründet ist? Ich möchte hier lediglich auf einige zentrale Moralnormen hinweisen, deren intersub-

jektive Begründung schon auf der Basis empirischer Alltagserfahrung ähnlich leicht nachvollziehbar ist wie im Fall des
Tötungsverbots.

Sachlich nicht allzu weit entfernt vom Interesse des Individuums am Weiterleben ist sein Interesse an körperlicher
Unversehrtheit sowie an Bewegungs- und Handlungsfrei-
heit. Diese Interessen aber werden durch Verbote der Kör-
perverletzung, der Freiheitsberaubung und der Gewaltanwendung wirkungsvoll geschützt. Auch in diesen Fällen
dürfte ohne weiteres einleuchten, dass es den Interessen jedes Individuums auf lange Sicht zugute kommt, dass entsprechende moralische Verbote in der Gesellschaft gelten.

Mit dem Interesse daran, sich möglichst zuverlässig in der
Welt zu orientieren, hängt das Lügeverbot zusammen. Wenn
jeder nach Belieben lügen, also unwahre Aussagen über die
Wirklichkeit machen würde, so würde im Lauf der Zeit auch
jeder nicht selten der Belogene sein. Dies aber hätte katastrophale Folgen dafür, wie jeder von uns sich in der Welt zu-
rechtfinden würde: wie wir zuverlässige Erkenntnis über die
Welt gewinnen, wie wir rationale Pläne für die Zukunft machen, wie wir miteinander kooperieren könnten.

Vielleicht wird mancher Leser meinen, es werde doch tatsächlich unter den Menschen viel gelogen – auch ohne wirklich katastrophale Folgen. Dieser Einwand unterschätzt jedoch erheblich die Wirkung, die das geltende Lügeverbot in
der sozialen Realität trotz aller Verstöße permanent hat. Man
male sich einmal das Leben in einer Gesellschaft aus, in der
tatsächlich jeder Bürger immer dann, wenn es für ihn von
Vorteil wäre, seine Mitmenschen belügen würde. Nehmen
wir etwa an, jeder würde auch nur in seinem beruflichen Leben, dem Beispiel der Politiker folgend, so verfahren. Jede
Verkäuferin und jeder Wirt zum Beispiel, die zur Bezahlung

einen 20-Euro-Schein entgegennehmen, würden bei jeder sich bietenden Gelegenheit den Schein einstecken und mit der Behauptung, sie hätten einen 10-Euro-Schein erhalten, nur für diesen Betrag das Wechselgeld herausgeben.

Vielleicht noch wichtiger als das Gebot, nicht zu lügen, ist für das soziale Zusammenleben das Gebot, geschlossene Verträge einzuhalten. Da jede moderne Gesellschaft in hohem Maß arbeitsteilig ist, braucht jedes Individuum eine Vielzahl von Gütern, die es nicht selbst herstellen kann, sondern die es sich durch Tausch gegen andere Güter von anderen Individuen beschaffen muss. Viele dieser Tauschgeschäfte lassen sich wie ein Kauf im Supermarkt problemlos Zug um Zug abwickeln: Nur derjenige, der seine Leistung vereinbarungsgemäß erbringt, erhält auch die Leistung des Partners. Viele dieser Tauschgeschäfte beinhalten aber auch – aus den verschiedensten Zweckmäßigkeitserwägungen – die Vorleistung eines Partners. In all diesen Fällen beruht diese Vorleistung allein auf dem Vertrauen in die Vertragstreue der Gegenseite. Man geht davon aus, dass der jeweilige Partner das Gebot der Einhaltung von Verträgen befolgen wird. Und dieses Vertrauen wird in einer Gesellschaft, in der das Gebot in Geltung ist, in aller Regel auch nicht enttäuscht.

Es ist offenkundig: *Jeder* profitiert auf längere Sicht von der Geltung dieser Norm; die Vorteile, die er daraus zieht, überwiegen eindeutig die Nachteile. Kein Bürger kann vernünftigerweise wünschen, dass diese Norm in seiner Gesellschaft ihre Geltung einbüßt – und dies selbst dann nicht, wenn er dadurch von seinen momentan bestehenden, lästigen Vertragsverpflichtungen befreit wird.

Dass die Geltung dieser Norm insofern in jedermanns Interesse liegt, bedeutet jedoch nicht notwendig, dass jedermann ein *gleich großes* Interesse daran hat. Ein erfolgreicher

Bauunternehmer profitiert vermutlich von ihr mehr als ein kleiner Angestellter. Mit der Konzeption interessenfundierter Moralbegründung ist nicht die These verbunden, dass eine intersubjektiv begründete Norm *gleichermaßen* im Interesse aller liegt. Ob und inwieweit dies der Fall ist, kann von Norm zu Norm durchaus variieren und ist häufig auch wohl kaum entscheidbar.

Gleichermaßen im Interesse aller dürfte das Gebot der Einhaltung von Versprechen sein. Bloße Versprechen haben zwar nicht die rechtliche Bindungswirkung von Verträgen, erfüllen für das soziale Zusammenleben aber offensichtlich eine ähnliche Funktion wie diese. Sie wären selbst in einer nicht arbeitsteiligen Gesellschaft von erheblicher Bedeutung. Denn es könnte durchaus im beiderseitigen Interesse etwa der Winzer A und B sein, in Form eines gegenseitigen Versprechens zu vereinbaren, dass A dem B bei dessen Silvanerernte und B dem A dafür bei dessen – zwei Wochen später anstehender – Rieslingernte hilft. Unter welchen Bedingungen ein Versprechen gleichzeitig einen (rechtlich bindenden) Vertrag darstellt, ist eine juristische Fachfrage, die hier nicht erörtert werden soll. (Die schriftliche Form ist – entgegen einer verbreiteten Vorstellung – nicht der entscheidende Faktor.)

Die bisherigen Beispiele zeigen, dass intersubjektiv begründete Normen in der sozialen Wirklichkeit teilweise als Moralnormen und teilweise als Rechtsnormen Geltung haben. Dabei darf jedoch nicht übersehen werden, dass die betreffenden Rechtsnormen keineswegs *nur* als Rechtsnormen, sondern gleichzeitig *auch* als Moralnormen gelten können. Denn selbstverständlich fungieren etwa das Tötungsverbot oder das Gebot der Einhaltung von Verträgen mit Rücksicht auf die mit diesen Normen erhobene Forderung nach allgemeiner Befolgung auch als Moralnormen. Wir müssen uns die Moralordnung und die Rechtsordnung einer Gesellschaft als zwei einander partiell überschneidende Kreise denken. Denn natürlich gibt es auch Rechtsnormen (etwa bloße Formvorschriften), die wegen eines hohen Maßes an inhaltlicher Beliebigkeit als Moralnormen nicht in Betracht kommen.

Es kann gewiss keine *Garantie* dafür geben, dass eine Moralnorm in einem tatsächlich alle Individuen umfassenden Sinn intersubjektiv begründet ist. Dies ist die unumgängliche Kehrseite der Tatsache, dass es eine a priori nicht entscheidbare Frage ist, ob und in welchem Maß ein bestimmtes Individuum ein bestimmtes Interesse hat. Allerdings dürfen wir auch in diesem Zusammenhang nicht vergessen, dass Interessen stets an bestimmte Rationalitätsbedingungen gebunden sind und dass es nicht rational sein kann, «unaufgeklärten» Interessen nachzugehen. Die Erfahrung zeigt uns immer wieder, dass die Menschen in gewissen *elementaren* Fragen, wie in der Frage ihres Weiterlebens, unter den Rationalitätsbedingungen der Urteilsfähigkeit und Informiertheit durchaus gleichgerichtete Interessen haben. Auch wenn man das klassische Naturrechtsdenken und sein Begründungskonzept ablehnt, kann man diese Interessen, die den Menschen evolutionsbiologisch auszeichnen, im Unterschied zu seinen vielfältigen kulturell vermittelten Interessen durchaus als seine «natürlichen» Interessen bezeichnen.

Im Mittelpunkt der hier vertretenen interessenfundierten Theorie intersubjektiver Moralbegründung steht die These, dass es keine begründete Moralnorm gibt ohne von dieser Norm unmittelbar betroffene Individuen, die von ihrer Geltung in der Realisierung ihrer Interessen profitieren. Dies gilt in besonderem Maß für solche auf Interessen elementarer Art beruhenden Moralnormen (wie das Verbot des Tötens), die jedem einzelnen betroffenen Individuum ein *individuelles Recht*[17] auf ein bestimmtes Handeln oder Unterlassen (wie das Recht auf Leben) verleihen – ein individuelles Recht (moralischer wie juristischer Art), das allen Nutzenerwägungen eines gesamtgesellschaftlichen Gemeinwohls vorgeht.

Warum aber sollen wir ein inviduelles Recht auf Leben auch Menschen wie Kleinkindern einräumen, die doch gar nicht die Fähigkeit haben, ihrerseits das Leben anderer Menschen zu bedrohen? Die Antwort fällt nicht schwer, wenn wir uns klarmachen, dass der Durchschnittsmensch nicht nur ein Interesse am *eigenen* Weiterleben hat. Er hat vielmehr ebenfalls ein Interesse am Weiterleben von bestimmten anderen Menschen, die mit ihm eng verwandt sind oder ihm aus anderen Gründen nahestehen und die ihrerseits – wie er – ein Interesse haben, weiterzuleben. Selbst derjenige, der keine eigenen Kinder hat, kennt in der Regel Kinder, deren Tötung ihm ganz unerträglich wäre. Ja, die meisten Menschen dürften – ganz unabhängig von jeder geltenden Moral oder Rechtsnorm – ein generelles Mitgefühl mit Kindern haben, das keine Freigabe einer Tötung von Kleinkindern zulässt. Aus diesen Erwägungen ist die Einbeziehung von Kleinkindern in das allgemeine Menschenrecht auf Leben jedenfalls weitestgehend intersubjektiv begründet.

Um diesen Begründungsweg ohne weiteres nachvollziehen zu können, muss man sich allerdings von einer verbreiteten Vorstellung verabschieden, die den Anhängern einer interessenfundierten Sichtweise der Moralbegründung von ihren Gegnern immer wieder zu Unrecht unterstellt wird: der Vorstellung, dass die einzigen *Interessen*, die einem Individuum sinnvollerweise zugeschrieben werden können, *ego istische* Interessen, also Interessen am eigenen Wohlergehen bzw. an der Befriedigung künftiger eigener Wünsche sind.

Eine derart enge Betrachtungsweise individueller Interessen findet in einem vorurteilsfreien Blick auf den Menschen und seine tatsächlichen Antriebe und Neigungen keine Stütze. So *wünscht* der Durchschnittsmensch nicht nur – neben seinem eigenen Wohlergehen – etwa auch das Wohlergehen seiner Angehörigen. Es ist auch – auf der Grundlage der von mir vertretenen Position – in keiner Weise ersichtlich, warum derartige Wünsche den Rationalitätstest für (aufgeklärte) *Interessen* nicht bestehen sollten. Es ist eine nicht zu leugnende Tatsache, dass Menschen – ganz unabhängig von jeglicher Moral – neben egoistischen auch altruistische und oft auch ideelle Interessen haben und dass die Realisierung dieser Interessen für sie nicht weniger rational ist.

Die altruistischen Interessen finden sich vor allem im Nahbereich, gegenüber Verwandten und Freunden. Aber auch im Fernbereich haben viele Menschen gewisse, wenn auch im Vergleich zum Nahbereich stark abgeschwächte altruistische Interessen. Dass ich beispielsweise als Opfer einer Flutkatastrophe vor allem an mich selbst, an meine Familie und an meine mir befreundeten Nachbarn denke, bedeutet nicht, dass mir das Schicksal der übrigen Opfer völlig gleichgültig ist und dass ich ihnen gegenüber nicht zu der geringsten freiwilligen Hilfsmaßnahme bereit bin.

Die gelegentlich jedoch vertretene These, alle altruistischen Interessen seien *eigentlich* egoistische Interessen, da ihr Ziel nichts anderes als die bei der Realisierung dieser Interessen erlebte innere Befriedigung sei, ist schon deshalb nicht haltbar, weil bei manchen dieser Interessen anzunehmen ist, dass sie zu Lebzeiten ihres Trägers gar nicht mehr zu realisieren sind. Ein solcher Fall liegt etwa vor, wenn A zu dem

Zweck Geld spart, dass sich die Familie seines Sohnes eines Tages, wenn A längst tot ist, ein eigenes Haus bauen kann.

Natürlich sind und bleiben meine Interessen stets meine Interessen und nicht die Interessen eines anderen Menschen, der vielleicht von ihnen profitiert. Trotzdem können diese meine Interessen auch als Selbstzweck sehr unterschiedliche *Inhalte* haben. So können sie etwa auf mein eigenes Wohl, auf das Wohl meines Freundes, auf das Wohl meiner Katze, auf die Erhaltung meiner Bibliothek oder auf alle diese Ziele zusammen gerichtet sein.

Ein häufiger Einwand gegen die hier vertretene, auf Individualinteressen abstellende Theorie der Moralbegründung lautet: Könnte es nach dieser Theorie nicht unter Umständen für eine dominierende Schicht in der Bevölkerung begründet sein, bestimmte Gruppen, insbesondere Minderheiten, von gewissen individuellen Rechten (moralischer sowie juristischer Art) auszuschließen, also zu diskriminieren? Man denke etwa an die Institution der Sklaverei, die den Sklaven zwar nicht unbedingt alle, aber doch viele der sozial in Geltung befindlichen Rechte (wie das Recht auf Selbstbestimmung oder das Recht auf Eigentumserwerb) vorenthält bzw. nur in abgeschwächter Form gewährt. Würden die Mitglieder der Mehrheit in Bezug auf ihre eigenen Interessen von einer solchen Regelung nicht notwendig mehr profitieren als von einer an der Forderung nach Gleichbehandlung bzw. nach gleichen individuellen Rechten für jedermann ausgerichteten Regelung?

Eine allgemein, unter allen möglichen Bedingungen gültige Antwort auf diese Frage ist leider nicht möglich. Es lassen sich jedoch mehrere Gesichtspunkte anführen, die generell *gegen* jede Form von Diskriminierung oder Ausgrenzung von Minderheiten sprechen.

Erstens zeigt die historische Erfahrung, dass Diskriminierungen häufig auf unaufgeklärten Vorstellungen über die natürlichen Eigenschaften und Fähigkeiten der diskriminierten Menschen beruhen und insofern nicht Gegenstand aufgeklärter, wirklicher Interessen sind. Ein gutes Beispiel hierfür ist der Rassismus.

Zweitens kann eine Diskriminierung jedenfalls von jenen Bürgern nicht gewünscht werden, mit deren altruistischer Einstellung gegenüber den (oder zumindest einigen) Mitgliedern der betroffenen Minderheit diese Diskriminierung signifikant unvereinbar ist.

Drittens lässt sich nie ganz ausschließen, dass eine Gesellschaft, die heute die eine Minderheit diskriminiert, morgen eine andere Minderheit – vielleicht auf andere Weise – diskriminiert. Da *jeder* Bürger aber in dieser oder jener Hinsicht einer Minderheit entweder angehört (etwa der Minderheit der Kleinwüchsigen) oder von heute auf morgen angehören kann (etwa infolge eines Verkehrsunfalls der Minderheit der Behinderten), spricht dies für jeden Bürger auch aus egoistischem Aspekt gegen *jegliche* Zulassung von Diskriminierungen.

Viertens kann eine Gesellschaft, die diskriminiert, nicht auf die freiwillige Loyalität und Kooperation der Diskriminierten bauen. Unruhen und Aufstände bis hin zum Bürgerkrieg können die Folge sein. Eine solche Entwicklung liegt aber mit Sicherheit nicht im Interesse der privilegierten Mehrheit. Denn zum einen ist es fraglich, ob die erforderlichen Abwehr- und Unterdrückungsmaßnahmen gegenüber der diskriminierten Minderheit, selbst soweit erfolgreich, für die Mehrheit nicht mit Kosten verbunden sind, die schwerer wiegen als die Vorteile der Diskriminierung. Und zum anderen muss selbst bei bisher erfolgreichem Verlauf dieser Maßnahmen stets mit der Möglichkeit gerechnet werden, dass es irgendwann in der Zukunft tatsächlich zu einem Bürgerkrieg mit katastrophalen Folgen für die Gesamtgesellschaft kommt – was auch die Angehörigen der Mehrheit im Hinblick auf das Wohl ihrer Nachkommen, das ja von ihrem altruistischen Nahbereichsinteresse erfasst wird, vernünftigerweise nicht wollen können.

Nicht selten wird eine individualistisch interessenfundierte Theorie der Moralbegründung wie die hier vertretene als «Vertragstheorie» der Moralbegründung bezeichnet. Inwieweit ist eine solche Bezeichnung zutreffend? Unzutreffend wäre gewiss die These, eine intersubjektiv begründete Moralnorm bedürfe zu ihrer Legitimation eines Vertrages sämtlicher Normvertreter bzw. Normadressaten. Erstens ist ein solcher Vertrag im Fall keiner einzigen geltenden Moralnorm tatsächlich nachweisbar. Und zweitens stellt das Gebot der Einhaltung von Verträgen seinerseits eine zu begründende Moralnorm dar (siehe S. 102), die also nicht selbst unter Hinweis auf das Gebot der Einhaltung von Verträgen begründet werden kann.

In einem gewissen, metaphorischen Sinn zutreffend ist die Bezeichnung der hier vertretenen Theorie als «Vertragstheorie» jedoch dann, wenn man diese Bezeichnung wie folgt versteht: Eine individualistisch interessenfundierte Theorie der Moralbegründung ist insofern vertragstheoretischer Natur, als sie annimmt, dass die betreffenden Individuen in einer Gesellschaft, in der das Gebot der Einhaltung von Verträgen bereits Geltung hat, die übrigen intersubjektiv begründeten Moralnormen rationalerweise, soweit durchführbar, vertraglich vereinbaren *würden*.

8. Warum man sich an die Moral halten sollte

Ist es für das einzelne Individuum A rational, jene Moralnormen, deren Geltung intersubjektiv und damit auch für A begründet ist, nicht nur zu vertreten, sondern – in seiner Eigenschaft als Adressat der Normen – auch zu befolgen? Und genau aus welchen Gründen ist dies rational für A?

Diese Fragestellung ist nicht die gleiche wie die, ob die Geltung der betreffenden Moralnormen für A begründet ist. Das liegt daran, dass A zwar davon profitiert, wenn eine bestimmte Moralnorm möglichst weitgehend gilt, also akzeptiert und dementsprechend auch befolgt wird, dass A aber unter Umständen noch mehr davon profitiert, wenn er selbst auf ihre Befolgung verzichtet. Gibt es für A einen rationalen Grund, *nicht* nach dem Motto zu verfahren «Sollen doch die anderen sich an die Moral halten; ich bin klug genug, mich den Nachteilen und Opfern, die diese Moral ja für jeden von uns ebenfalls mit sich bringt, zu entziehen»?

Was spricht für A dagegen, seinerseits die Befolgung etwa des Diebstahls- oder des Lügeverbots, von deren Geltung er wie alle anderen profitiert, zu verweigern? Ein Argument, das einem unmittelbar in den Sinn kommt, ist dieses: Wenn nicht nur A, sondern wenn *jeder* eine solche Verweigerungshaltung einnimmt, so hat dies für alle katastrophale Folgen. Denn die Wirksamkeit der Normen ist aufgehoben und man ist wieder allen Nachteilen eines normlosen Zustandes ausgesetzt. Jeder stiehlt und lügt nach Belieben, und jeder muss unter diesen Bedingungen damit rechnen, jedenfalls auf Dauer in der Opferrolle ungleich mehr zu verlieren, als er in der Täterrolle gewinnt. Nur die *allgemeine Kooperation* der Individuen sichert jedem Individuum die Vorteile der genannten Normen. Und eben deshalb muss jeder Einzelne kooperieren und zu der in seinem eigenen Interesse liegenden Wirksamkeit der Normen seinen Beitrag leisten.

So plausibel dieses Argument auch klingen mag, es erweist sich bei genauerer Betrachtung als unzureichend. Der Grund liegt darin, dass eine moderne Großgesellschaft nicht vergleichbar ist mit einer Kleingruppe, etwa einer Familie. Innerhalb einer solchen Gruppe würden As Verstöße gegen das Lügeverbot über kurz oder lang allen anderen Gruppenmitgliedern bekannt werden. Sie würden A möglicherweise aus ihrer Gemeinschaft ausschließen. Oder sie würden es A mit gleicher Münze heimzahlen; und die weitere Folge hiervon könnte die sein, dass das Lügeverbot in der Gruppe generell immer weniger beachtet würde, also seine Wirksamkeit verlöre. Alle diese Folgen kann A im eigenen Interesse vernünftigerweise nicht wollen.

In einer Großgesellschaft ist die Lage jedoch eine völlig andere: Vergeltungsmaßnahmen kann A hier weitgehend dadurch vermeiden, dass er die Normen vornehmlich solchen Individuen gegenüber bricht, mit denen er keine weiteren Kontakte erwartet. Eine *generelle* Einbuße des Lügeverbots an Wirksamkeit aber – und dies ist der entscheidende Punkt – würde gar nicht eintreten. Denn die Wirksamkeit bzw. Geltung einer Norm in einer Großgesellschaft wird nicht dadurch ernsthaft bedroht, dass ein Einzelner gegen die Norm verstößt. A beeinflusst die Normakzeptanz seitens der übrigen Individuen und damit die allgemeine Normgeltung und

Normwirksamkeit in der Gesellschaft durch seine Normverstöße entweder gar nicht oder doch nicht nennenswert. A wird also auch nicht dadurch selber eher zum *Opfer* von Normverstößen, dass A als *Täter* Normverstöße begeht!

Zwar kann A vernünftigerweise nicht wollen, dass *jeder* sich wie er verhält und dass die Normen dadurch ihre Geltung einbüßen. Warum aber soll A dieses unerfreuliche Szenarium bei seinen Entscheidungen für oder gegen eine Normbefolgung in irgendeiner Weise berücksichtigen, wenn der Eintritt des Szenariums von seinen Entscheidungen faktisch unabhängig ist? Selbst wenn es tatsächlich dazu kommen sollte, dass das Diebstahls- oder das Lügeverbot in der Gesellschaft seine Geltung und Wirksamkeit einbüßt, dann jedenfalls nicht deshalb, weil A das Verbot unbeachtet lässt, sondern weil alle (oder zumindest die meisten) Mitbürger es unbeachtet lassen.

Die Logik der Situation, in der A sich befindet, hat nun allerdings für *alle* Individuen in der Gesellschaft fatale Auswirkungen. Denn ebenso wie A kann und wird vernünftigerweise jedes andere Individuum denken. Wenn dementsprechend aber jedes Individuum gleichermaßen sich nicht an die betreffenden Normen hält, dann tritt, wie schon gesagt, auch unvermeidbar der für jedes Individuum gleichermaßen katastrophale Zustand ein: Jeder stiehlt und lügt nach Belieben, und jeder leidet unter diesem Zustand mehr, als er davon profitiert. Jedes Individuum würde alles in allem weit besser dastehen, wenn alle Individuen in gegenseitiger Kooperation die Bereitschaft entwickelten, zugunsten eines Zustandes, von dem sie alle profitieren, jeweils selber auch ein gewisses Opfer zu erbringen und nicht bei jeder Gelegenheit zu versuchen, das Optimum für die eigenen Interessen herauszuholen. Die große Frage lautet: Wie lässt sich die Bereitschaft zur eigenen Normbefolgung unter der Voraussetzung, dass es keine objektiv begründeten Moralnormen gibt, sondern dass jedes rationale Handeln letztlich nur interessegeleiteter Art sein kann, für das einzelne Individuum als rational erweisen?

Ähnlich wie die Frage nach einem begründeten Verzicht auf die Diskriminierung bei der Zuerkennung individueller Rechte (siehe S. 107 ff.) kann auch die vorliegende Frage nicht in allgemein gültiger Form beantwortet werden. Es sind zwei sehr unterschiedliche Gesichtspunkte, die im Prinzip von Bedeutung sind und die – in Abhängigkeit von der jeweiligen Moralnorm und von dem jeweiligen Normadressaten – eine mehr oder weniger große Relevanz gewinnen können: der Gesichtspunkt drohender Sanktionen und der Gesichtspunkt der Normakzeptanz.

Es ist der Gesichtspunkt drohender *Sanktionen*, der einem unmittelbar in den Sinn kommt, wenn sich die Frage nach der Rationalität einer Normbefolgung stellt. Sanktionen sind Nachteile, die dem Normbrecher vor allem von seiner Umwelt drohen. Sie können formeller oder informeller Art sein. Formeller und sehr gravierender Art sind sie insbesondere dann, wenn die verletzte Moralnorm mit einer Rechtsnorm gleichen Inhalts zusammenfällt. Wer etwa das Diebstahls- oder das Tötungsverbot verletzt, muss bekanntlich mit staatlichen Geld- oder Freiheitsstrafen – in manchen Gesellschaften sogar mit der Todesstrafe – rechnen.

Aber auch die Sanktionen informeller Art, die dem Normbrecher drohen, sollte man nicht unbeachtet lassen. Sie bestehen in bestimmten Reaktionen seitens der Mitmenschen: Reaktionen der Missbilligung, des Tadels, der Verachtung, der sozialen Ächtung bis hin zur Ausstoßung aus der eigenen Gruppe oder Gemeinschaft. Sanktionen dieser Art kommt natürlich besondere Bedeutung zu bei solchen Moralnormen, die *nicht* von gleich lautenden Rechtsnormen begleitet sind, bei denen diese Sanktionen also die einzig drohenden Sanktionen sind. Man denke an die Moralnormen etwa des Lügeverbots oder des Gebots, ein gegebenes Versprechen einzuhalten. Nur wenigen Menschen dürfte es gleichgültig sein, ob sie etwa in der Firma, in der sie arbeiten, als notorische Lügner angesehen und behandelt werden. Und man stelle sich etwa einen Handwerksmeister vor, der in dem Ruf steht, unzuverlässig und betrügerisch zu sein.

Sind die genannten Sanktionen (formeller wie informeller Art) also geeignet, dem Individuum die Bereitschaft zur eigenen Normbefolgung als rational erscheinen zu lassen? Die Antwort lautet: Dies ist nur zum Teil der Fall. Offensichtlich gibt es in der Realität nicht wenige Kontexte und Situationen, in denen der Normbrecher kaum damit zu rechnen braucht, dass der Normbruch als solcher überhaupt entdeckt wird oder dass er als Normbrecher identifiziert wird. So bleiben beispielsweise die allermeisten Diebstähle in unserer Gesellschaft – trotz staatlicher Ermittlungen – unaufgeklärt; und auch viele Lügen dürften den Lügnern im Ergebnis kaum Tadel einbringen.

Trotzdem kann es für das Individuum unter dem Gesichtspunkt drohender Sanktionen rational sein, nicht nur in gewissen Einzelfällen, sondern *in der Regel* auf die Verletzung geltender Moralnormen zu verzichten. Hierfür spricht die folgende Überlegung. Wenn Individuum A in jedem Einzelfall, in dem er einen Wunsch nach Normverletzung hat, die zu erwartenden Vor- und Nachteile einer solchen Normverletzung zu ermitteln und gegeneinander abzuwägen sucht, so ist dies ein sehr riskantes Vorgehen. A kann leicht diverse Fehler machen, vor allem dann, wenn er unter Zeitdruck steht oder unter dem Einfluss einer spontanen Versuchung das Risiko einer Entdeckung unterschätzt. Die oben genannten drohenden Sanktionen können jedoch – insbesondere im Fall rechtlicher Sanktionen – sehr gravierend sein. Verfährt A deshalb, alles in allem und langfristig betrachtet, nicht klüger, wenn er es sich einfach zur Faustregel macht, generell auf Normverletzungen der genannten Art zu verzichten? Steht A nicht beispielsweise in finanzieller Hinsicht auf Dauer höchstwahrscheinlich besser da, wenn er generell von den Früchten ehrlicher Arbeit lebt, als wenn er sich immer dann, wenn es ihm Erfolg versprechend erscheint, an fremdem Eigentum vergreift?

Dieses Argument hat mit Sicherheit ein erhebliches Gewicht. Doch auch die Befolgung einer geltenden Moralnorm als Faustregel stellt nur einen Sonderfall der Normbefolgung wegen drohender Sanktionen dar und fällt insofern nicht aus dem Rahmen des ersten der beiden oben genannten Gesichtspunkte rationaler Normbefolgung.

Es scheint jedoch in einer funktionierenden Gesellschaft keineswegs der Fall zu sein, dass sämtliche mögliche Verletzungen von Moralnormen, die dem Individuum gewisse Vorteile bringen würden, aber gleichwohl nicht begangen werden, allein im Hinblick auf drohende Sanktionen nicht begangen werden. Bei allem gebotenen Realismus darf man in diesem Zusammenhang nicht den Fehler einer pauschalen, zynischen Einschätzung menschlicher Handlungen und der ihnen zugrunde liegenden Motive machen. Es ist eine nicht zu leugnende Tatsache, dass es nicht wenige Menschen gibt, die jedenfalls gewisse Moralnormen selbst dann nicht verletzen, wenn der Vorteil groß und die Gefahr einer Entdeckung gleich null ist. Ohne diese Tatsache würde es wohl kaum der Fall sein, dass in vielen Gesellschaften jene intersubjektiv begründeten Moralnormen durchaus regelmäßig befolgt werden, deren Vorteile für jedes Individuum die Nachteile der eigenen Normbefolgung mehr als aufwiegen.

Die Frage ist, ob und, wenn ja, wieso eine Normbefolgung aus *Akzeptanz* der Norm und nicht aus Furcht vor drohenden Sanktionen für das Individuum als begründet gelten kann. Die Normakzeptanz mit ihren jeder Normverletzung unvermeidlich nachfolgenden *inneren* Sanktionen ist nämlich neben den drohenden äußeren Sanktionen der zweite Gesichtspunkt, unter dem es für das Individuum möglicherweise rational ist, intersubjektiv begründete und in der Gesellschaft geltende Moralnormen wie das Diebstahls- und das Lügeverbot auch selber zu befolgen. In der Realität jedenfalls ist offenbar die Akzeptanz dieser Verbote für viele Menschen durchaus ein ausreichendes Motiv dafür, dass sie nicht stehlen und nicht lügen – und zwar selbst dann nicht, wenn ihnen keine äußeren Sanktionen für diese Normverletzungen drohen.

Was bedeutet es nun genau, eine Norm zu akzeptieren, und worin bestehen die bei einer Normverletzung drohenden inneren Sanktionen? Unter der Akzeptanz einer Norm verstehe ich eine bestimmte Disposition, Haltung oder Einstellung des Normadressaten einer Norm gegenüber: Wer eine Norm akzeptiert, hat sich die Norm irgendwann in seinem Leben (nicht selten schon in seiner Kindheit) zu eigen gemacht; er hat die Norm verinnerlicht oder internalisiert; sie ist Teil seines «Gewissens» geworden. Und aus eben diesem Grunde fühlt er sich verpflichtet, verspürt einen inneren Antrieb und hat damit ein Motiv, die Norm auch zu befolgen. Genau in diesem Sinn möchte ich im Folgenden davon sprechen, dass jemand eine Norm akzeptiert.

Wir können uns das hier Gemeinte am Beispiel der Norm

des Lügeverbots, die vermutlich die meisten von uns akzeptieren, gut klarmachen. Wenn ich die Norm «Man soll nicht lügen» nicht nur anderen gegenüber vertrete, sondern auch selbst akzeptiere, dann betrachte ich das Lügeverbot als für mich verbindlich und habe insofern die Disposition, nicht zu lügen. Das bedeutet: Ich bin generell motiviert, mein Verhalten an der Norm des Lügeverbots zu orientieren. Meine Akzeptanz des Lügeverbots ist für mich Grund und Motiv, auch in solchen Situationen, in denen es mir durchaus nützen würde zu lügen, das Verbot zu befolgen und nicht zu lügen.

Man kann dies auch so ausdrücken, dass man sagt: Das Lügeverbot, das ich akzeptiere, besitzt für mich eine *kategorische* oder unbedingte, das heißt von meinen übrigen Wünschen oder Interessen unabhängige und ihnen gegenüber im Konfliktfall vorrangige Funktion. Dies kann, muss aber nicht bedeuten, dass ich in der Realität tatsächlich *niemals* lüge. Vor allem aus den zwei folgenden, recht unterschiedlichen Gründen kann es geschehen, dass ich im Einzelfall gleichwohl lüge, obschon ich das Lügeverbot akzeptiere.

Zum einen kann der Fall eintreten, dass es zwischen dem Lügeverbot und einer anderen Norm, die ich ebenfalls akzeptiere, zu einem Widerstreit kommt, der die gleichzeitige Befolgung beider Normen ausschließt. Wenn ich neben dem Lügeverbot etwa die Norm akzeptiere, dass man unschuldig verfolgten Menschen helfen soll, werde ich vermutlich einen Nazi-Schergen ohne weiteres belügen, wenn er mich nach dem mir bekannten Versteck eines Juden fragt: Die Befolgung der zweitgenannten Norm ist mir unter diesen Umständen wichtiger als die Befolgung der erstgenannten Norm.

Zum anderen garantiert die Normakzeptanz mit ihrem kategorischen Anspruch nicht, dass der Akzeptant die Norm, auch wenn kein Widerstreit mit einer anderen Norm besteht, tatsächlich *ausnahmslos* befolgt. So ist nicht auszuschließen, dass ich das Lügeverbot, obschon ich es akzeptiere, gleichwohl dann und wann doch verletze, weil ich von der Lüge profitiere. Menschen tun nicht immer das, was sie eigentlich als gesollt betrachten. Die Akzeptanz einer Norm muss insofern nicht notwendig mit einem uneingeschränkt normgemäßen Verhalten verbunden sein. Entscheidend ist: Die Normakzeptanz kann auf die Häufigkeit eventuellen normwidrigen Verhaltens nicht *völlig* ohne Einfluss bleiben. Falls eine Norm auf das normwidrige Verhalten ihres Adressaten tatsächlich über einen längeren Zeitraum ohne *jede* Wirkung bleibt, so ist dies ein deutliches Indiz dafür, dass der Adressat die Norm in Wahrheit eben *nicht* akzeptiert.

In diesem Zusammenhang ist noch ein zusätzlicher Punkt sehr wichtig. Die Akzeptanz einer Norm erschöpft sich nicht in der Disposition und Motivation zu normgemäßem Verhalten. Ein weiteres Phänomen kommt hinzu. Nehmen wir an, ich verletze in einer konkreten Situation eine von mir akzeptierte Norm, weil mir die Normverletzung in diesem Fall einen besonderen Vorteil bringt und ich deshalb der Versuchung einfach nicht widerstehen kann. Dann wird dies für mein Innenleben nicht ohne Folgen bleiben. Ich werde die Erfahrung gewisser innerer Erlebnisse, gewisser *innerer Sanktionen* machen: Die Normverletzung wird mir leidtun, ich werde sie bereuen; ich werde Gewissensbisse (ein «schlechtes Gewissen») haben; ich werde mir fest vornehmen (den «Vorsatz fassen»), dass mir so etwas nicht wieder passiert.

Ist es, so gesehen, also rational für A, Normen wie das Diebstahls- oder das Lügeverbot, die intersubjektiv begründet sind und in As Gesellschaft gelten, im genannten Sinn zu akzeptieren? Um diese Frage positiv beantworten zu können, muss man zeigen, dass Menschen die betreffenden Normen tatsächlich unter *Rationalitätsbedingungen* akzeptieren: Es muss der Fall sein, dass die Akzeptanz von den Betreffenden in einem urteilsfähigen und informierten Zustand geleistet wird (bzw. geleistet werden würde). Eine Akzeptanz etwa, die allein darauf beruht, dass die Normadressaten von dem objektiven Begründetsein der Normen ausgehen, würde dieser Bedingung sicher nicht genügen, da diese Annahme, wie wir sahen, nicht haltbar ist. Die Akzeptanz einer Norm kann nach der hier vertretenen Sichtweise nur dann als rational betrachtet werden, wenn sie auch im *Interesse* dessen liegt, der die Norm akzeptiert.

Nach meiner Auffassung können vor allem zwei Gründe dafür sprechen, dass Individuum A eine bestimmte Moralnorm als kategorisches Handlungsgebot akzeptiert und damit ohne Rücksicht auf die Konsequenzen der einzelnen Normbefolgung auch regelmäßig befolgt. Beide Gründe setzen zunächst einmal voraus, dass die Norm nicht nur gilt, also allgemein vertreten und akzeptiert wird, sondern dass ihre Geltung auch in As Interesse liegt. Dass diese Voraussetzung unverzichtbar ist, wird die folgende Erörterung dieser Gründe im Einzelnen noch deutlich machen. Die Unverzichtbarkeit ergibt sich aber auch schon aus der bloßen Tatsache, dass es für A von vornherein nur irrational sein könnte, eine Norm zu akzeptieren, deren Geltung und damit *allgemeine* Vertretung und Akzeptanz A vernünftigerweise gar nicht wünschen kann.

So kann es zum Beispiel für einen aus Überzeugung homosexuellen Menschen von vornherein nicht rational sein, ein Verbot der Homosexualität zu akzeptieren und *deshalb* zu befolgen. Dies ist ein wesentlicher Unterschied zur Normbefolgung wegen drohender Sanktionen, die natürlich auch dann für jemanden rational sein kann, der die Norm als solche ablehnt.

Der erste der beiden Gründe, die meines Erachtens für eine Normakzeptanz sprechen, ist instrumentaler Art und beruht auf den Vorteilen *persönlicher Integrität*. Um diesen Grund richtig zu erfassen, muss man As Situation näher analysieren. Wenn A – wie im Fall des Diebstahls- oder des Lügeverbots – generell an der Wirksamkeit und damit an der Geltung bzw. allgemeinen Akzeptanz einer bestimmten Norm interessiert ist, dann ist er vernünftigerweise auch an der eigenen *Vertretung* dieser Norm sowie an der eigenen *Sanktionierung* von Verstößen gegen sie interessiert, da diese Maßnahmen zur *Stützung* der Norm dazu geeignet sind, ihre Wirksamkeit jedenfalls im Nahbereich von A zu fördern. A wird also beispielsweise die Norm «Man darf nicht lügen» bei der Erziehung seiner Kinder und im Umgang mit seinen Freunden und Bekannten auf beide genannten Weisen stützen.

Man könnte nun vielleicht wie folgt argumentieren: Wenn A die generelle Norm «Niemand darf lügen» wirklich stützt, dann stützt er damit automatisch auch die individuelle Norm «A darf nicht lügen», da die letztere Norm aus der ersten logisch folgt. Die dauerhafte Stützung, also Vertretung und Sanktionierung einer individuellen Norm, deren Adressat man selber ist, ist aber offensichtlich nichts anderes als die Selbstbindung an die Norm bzw. als ihre Akzeptanz. Das bedeutet: A akzeptiert dadurch, dass er die generelle Norm «Niemand darf lügen» stützt, notwendig auch selbst das Lügeverbot; und diese Akzeptanz der Norm ist – als Teilmaßnahme der Stützung der generellen Norm – für ihn auch rational.

Doch dieses Argument für die Rationalität der Normakzeptanz durch A wäre offenbar zu einfach. Denn nach unseren bisherigen Überlegungen ist A ja unter Umständen, genau genommen, gar nicht an der Geltung der Norm «Niemand darf lügen», sondern nur an der Geltung der Norm «Niemand außer A darf lügen» interessiert; nach einem Grund für A, die Norm «A darf nicht lügen» für sich zu akzeptieren, suchen wir gerade.

An diesem Punkt muss man sich jedoch klarmachen, dass A mit der Stützung der Norm «Niemand außer A darf lügen» offensichtlich kaum Erfolgsaussichten hätte. Mit einer *offenen* Stützung dieser Norm würde er sich jedenfalls in der Gesellschaft nur der Lächerlichkeit aussetzen. Das aber bedeutet: A muss, wenn er mit seiner Stützung des Lügeverbots, ohne das Verbot selber zu akzeptieren, überhaupt Erfolg haben will, das Verbot jedenfalls *nach außen* in seiner *generellen* Form vertreten und seine eigene moralische Einstellung dem Verbot gegenüber für sich behalten.

Bei realistischer Betrachtung hat A unter diesen Umständen die Wahl zwischen drei Möglichkeiten des Vorgehens: 1. A akzeptiert das Lügeverbot selber nicht und verzichtet konsequenterweise auf jede Stützung des generellen Lügeverbots nach außen. 2. A akzeptiert das Lügeverbot selber und stützt es gleichzeitig in seiner generellen Form. 3. A akzeptiert das Lügeverbot selber nicht, versucht aber gleichzeitig den falschen Anschein zu erwecken, das Lügeverbot in seiner generellen Form zu stützen und also auch selber zu akzeptieren.

Möglichkeit 1 kommt allenfalls für Einsiedler mit seltenen sozialen Kontakten ernsthaft in Betracht. Wer in einer Gesellschaft lebt, also Familienangehörige, Kollegen, Vertragspartner, Freunde und Bekannte hat, würde durch einen Verzicht auf jede Stützung des Lügeverbots nach außen vermutlich mehr verlieren, als er durch seine Verweigerung der eigenen Akzeptanz dieses Verbots gewinnen könnte. Er müsste nämlich nicht nur auf die unmittelbaren Vorteile der Vertretung und Sanktionierung des Verbots für sich und die Seinigen verzichten: Er würde auch mit seiner gleichgültigen Haltung der Verweigerung *jedes* eigenen Beitrags zur Geltung des Verbots unweigerlich in der Gesellschaft auf Unverständnis und Ablehnung stoßen. Wenn er diese Haltung, was ja nur konsequent wäre, gleichzeitig sämtlichen geltenden Moralnormen gegenüber einnähme, so würde man ihm generell jede moralische Gesinnung absprechen. Sein soziales Ansehen wäre ruiniert.

Möglichkeit 2 wäre, was As Verhalten angeht, das genaue Gegenteil von Alternative 1. Die Folge wäre, dass A durch seine Akzeptanz von Moralnormen wie dem Lügeverbot zwar gewisse Einschränkungen in seinem Verhalten in Kauf nehmen müsste, dass er dafür aber durch die soeben genannten für ihn positiven Konsequenzen seiner Stützung dieser Normen belohnt würde. Insbesondere wäre er insoweit ein geachtetes Mitglied der Gesellschaft, als er sich exakt so verhalten würde, wie man es gewöhnlich im moralischen Bereich von seinen Mitmenschen erwartet. Es dürfte keine Frage sein, dass für die allermeisten Individuen Möglichkeit 2 gegenüber Möglichkeit 1 vorzugswürdig ist.

Die große Frage ist jedoch, ob Möglichkeit 2 auch gegenüber Möglichkeit 3 bei rationaler Betrachtung für A vorzugswürdig ist. Das hängt offenbar davon ab, wie groß für A die Chancen und die Risiken einer langfristig erfolgreichen Täuschung seiner Umwelt über seine persönliche Integrität sind und mit welchen Kosten eine solche Täuschung für A verbunden ist. Man muss bedenken: Durch einen Misserfolg seiner Täuschungspraxis würde A, was die sozialen Konsequenzen seines Vorgehens angeht, als jemand ohne jede moralische Integrität nicht viel besser als in Möglichkeit 1 dastehen.

Um Erfolg zu haben, müsste A langfristig eine Doppelstrategie verfolgen: Sich selbst gegenüber müsste er das Lügeverbot ablehnen, es sich allenfalls als Faustregel zu eigen machen und unbedenklich lügen, wenn dies eindeutig für ihn von Vorteil wäre. Nach außen hin müsste er jedoch in heuchlerischer Weise vorgeben, das Lügeverbot genauso wie die meisten seiner Mitmenschen im umfassenden Sinn (sich selber eingeschlossen) zu stützen und als kategorischen Grund des eigenen Handelns anzuerkennen. Und ganz entsprechend müsste er im Umgang mit allen anderen geltenden Moralnormen, deren Geltung in seinem Interesse liegt, verfahren.

Den Anforderungen einer solchen Doppelstrategie im moralischen Alltag langfristig gerecht zu werden, dürfte für die meisten Menschen nicht einfach sein. Man muss sich in diesem Zusammenhang vor Augen führen, dass sich die Akzeptanz einer Moralnorm nicht allein darin nach außen zeigt, dass A nur dann bedenkenlos lügt oder stiehlt, wenn er sicher ist, nicht erwischt zu werden. Sie zeigt sich üblicherweise auch noch in einer *Vielzahl* von Reaktionen und Verhaltensweisen: in der Art, wie A über vergangene – eigene wie fremde, erfolgreiche wie misslungene – Lügen oder Diebstähle redet; darin, in welchen Kreisen A sich heimisch fühlt, zu welcher Art von Menschen er enge Kontakte pflegt und so weiter. Auch in diesen Hinsichten müsste A, um mit seiner Strategie Erfolg zu haben, seine wahre Einstellung verbergen bzw. seine Umwelt über diese Einstellung hinters Licht führen. Vor jeder wirklich spontanen moralischen Stellungnahme müsste A sich hüten.

Die allermeisten Menschen verfügen kaum über die hier

geforderte Begabung zu permanenter Wachsamkeit, Umsicht und Heuchelei. Auch gibt es soziale Kontexte, die insoweit besondere Probleme bieten. Wie soll A in Verfolgung seiner Strategie zum Beispiel rationalerweise mit seinen Kindern umgehen? Soll er sie, weil dies nach seiner Meinung in *ihrem* besten Interesse liegt, ebenfalls zu moralischen Heuchlern erziehen? Oder soll er sie vielmehr mit Rücksicht auf das eigene *egoistische* Interesse an ihrer freiwilligen Kooperation – wie seine übrige Umwelt auch – durchaus zur echten Akzeptanz von Moralnormen anleiten? Kann eine solche Anleitung aber funktionieren, obwohl die eigenen Familienmitglieder sich über As *wahre* moralische Einstellung wohl kaum auf Dauer werden täuschen lassen?

Ich möchte nicht behaupten, dass auf diesem Hintergrund die langfristigen Vorteile persönlicher Integrität für jedes beliebige Individuum und für jede beliebige Moralnorm ein ausreichender rationaler Grund zur Wahl von Möglichkeit 2 und damit zur Akzeptanz der fraglichen Normen sind. Die sozialen Verhältnisse und die Umstände, in denen Menschen leben, können sehr unterschiedlich sein; auch ihre Risikobereitschaft und ihre Abhängigkeit von der Wertschätzung durch ihre Umwelt können sehr unterschiedlich sein. Trotzdem dürften für den Durchschnittsmenschen bei nüchterner Betrachtung seiner Fähigkeiten und Möglichkeiten die Vorteile persönlicher Integrität deren Nachteile auf lange Sicht deutlich überwiegen. Nicht jeder hat das Zeug zum Mafioso; und nicht jeder Mafioso hat eine gute Chance auf ein langes Leben in Harmonie mit seiner Umwelt.

Doch selbst derjenige, der mit seiner Strategie der permanenten Täuschung und Heuchelei zum Ziel kommt, wird sich rationalerweise fragen müssen: Könnte ich das hohe Maß an Zeit und Energie, das diese Strategie mich kostet, nicht sinnvoller und erfolgreicher für andere mir wichtige Ziele einsetzen, die mit der Bewahrung meiner persönlichen Integrität vereinbar sind? Die *sicherste und billigste* Methode, auf Dauer anständig zu erscheinen, ist schließlich immer noch die, anständig zu sein!

Damit komme ich zu dem zweiten Grund, der dafür sprechen kann, dass Individuum A eine bestimmte Moralnorm akzeptiert. Es ist dies eine Einstellung der *Fairness*. Der Unterschied zum ersten Grund besteht darin, dass die mögliche Rationalität der Normakzeptanz hier nicht in den Vorteilen liegt, die diese Akzeptanz auf Dauer für A mit sich bringt, sondern dass sie darin liegt, dass diese Akzeptanz auf der Basis von As Interessen ein *Selbstzweck*, nämlich unmittelbarer Inhalt eines rationalen Wunsches von A ist. Die Akzeptanz entspricht insofern einer bestimmten Einstellung im Sinn eines Ideals persönlicher Lebensführung – einer Einstellung, die A unter Rationalitätsbedingungen bewusst für sich gewählt hat bzw. an der er, falls entsprechend erzogen, unter Rationalitätsbedingungen bewusst festhält.

Wie könnte dieses Ideal im Einzelnen aussehen, damit es mit einer gewissen Plausibilität Inhalt einer rationalen Wahlentscheidung der Menschen sein kann? Kaum plausibel wäre es, für jede einzelne Moralnorm, deren Befolgung zur Debatte steht, von einem eigenen, dieser Norm entsprechenden Lebensideal auszugehen. Denn jene Moralnormen, deren Befolgung im vorliegenden Zusammenhang zur Debatte steht, haben ja alle eines gemeinsam: Sie sind tatsächlich in Geltung, und ihre Geltung ist auch intersubjektiv begründet. Unsere Frage muss deshalb lauten: Ist es plausibel, dass A unter Rationalitätsbedingungen ein Lebensideal hat, das im Ergebnis gerade dazu führt, intersubjektiv begründete sowie sozial geltende Moralnormen für sich zu akzeptieren?

Meine Antwort auf diese Frage lautet: Das Lebensideal oder ideelle Interesse, das genau zu diesem Ergebnis führt, kann eine *Einstellung der Fairness* sein und etwa lauten: «Ich will nicht unfair sein und die Situation eines kooperativen Unternehmens, von dem ich selber profitiere, auf Kosten anderer zu meinem zusätzlichen persönlichen Vorteil ausnutzen.» Anders ausgedrückt: «Ich will ein faires Leben und nicht das Leben eines parasitären Trittbrettfahrers führen.»

Es ist nun gewiss nicht zwingend, dass Individuen sich dieses Fairnessideal zu eigen machen und in ihrem Leben verfolgen. Trotzdem zeigt uns die alltägliche Erfahrung mit lebenspraktischen Entscheidungen, Argumentationen und Reaktionen unserer Mitmenschen, dass dieses Ideal nicht wenigen Individuen keineswegs fremd ist, sondern dass es in ihrem Verhalten bei der Befolgung von Moralnormen durchaus eine Rolle spielt.

Vielleicht wird mancher Leser meinen, mein Rekurs auf diese zweckfrei gelebte Einstellung der Fairness sei lediglich eine Ausflucht vor mir unerwünschten Konsequenzen meiner Position – eine Ausflucht, die in Wahrheit den Rahmen einer interessenfundierten Ethik sprenge. Dies ist jedoch definitiv nicht der Fall. Wie wir sahen (S. 106), kann ein Individuum – jenseits aller typisch egoistischen oder altruistischen Interessen – prinzipiell auch ein Interesse ideeller Art an einem bestimmten Weltzustand haben. Wenn dies aber richtig ist, dann kann ein Individuum natürlich auch ein Interesse daran haben, gewisse Normen zu akzeptieren, weil sie der Verwirklichung eines bestimmten selbst gewählten Lebensideals dienen. Und ebenso wie man sein Leben an bestimmten ästhetischen Idealen ausrichten kann, kann man es gewiss auch am Ideal der Fairness ausrichten.

Der Leser möge sich selbst fragen, ob er in einem urteilsfähigen und informierten Zustand dem Fairnessideal etwas abgewinnen kann. An dieser Stelle sei noch einmal darauf hingewiesen, dass die Fairness natürlich nur die Befolgung jener Moralnormen von A verlangen kann, deren Geltung in As Gesellschaft erstens Realität ist und zweitens im individuellen Interesse von A liegt. Interessant wäre in diesem Zusammenhang noch die Untersuchung, ob und in welchem Ausmaß das hier thematisierte Fairnessideal sich im Ergebnis – wenngleich nicht in der Art der Begründung – mit den verschiedenen Prinzipien der Unparteilichkeit deckt, die wir in den Kapiteln 4–6 kennengelernt haben. Ich überlasse diese Untersuchung gern dem interessierten Leser.

Alle drei in diesem Kapitel behandelten Gründe für die Befolgung moralischer Normen – drohende Sanktionen, die Vorteile persönlicher Integrität und eine Einstellung der Fairness – sind geeignet, einander in ihrer praktischen Wirkung zu ergänzen. Zusammengenommen reichen sie im Fall zahlreicher geltender Moralnormen bei zahlreichen Individuen nicht nur aus, tatsächlich ein hohes Maß an Normbefolgung zu bewirken; es spricht auch nichts dagegen, eine Normbefolgung aus diesen Gründen generell als durchaus rational anzusehen.

Gründe 2 und 3 führen, wie wir sahen, gegebenenfalls dazu, dass nicht erst die Befolgung, sondern schon die Akzeptanz einer Moralnorm für das Individuum rational ist. Gründe 2 und 3 sind also prinzipiell durchaus geeignet, zur Anerkennung von Moralnormen im Sinn *kategorischer* Handlungsgründe zu führen – und dies, anders als Kant und Habermas es annehmen, ohne jede Voraussetzung irgendeiner Form von Moralmetaphysik oder objektiver Moralerkenntnis. Dass meine *Akzeptanz* einer Norm auf meinen Interessen beruht, bedeutet ja nicht, dass meine *Befolgung* einer derart akzeptierten Norm im Einzelfall nicht durchaus kategorischer Art, also von meinen aktuellen Interessen unabhängig sein kann. Dies kann im Übrigen ja auch auf Normen im außermoralischen Bereich zutreffen: Wer ein angesehener Pianist werden möchte, wird vernünftigerweise auch die Norm akzeptieren, täglich mehrere Stunden zu üben – und zwar auch an solchen Tagen, an denen er eigentlich lieber Musik hören würde.

Schon vor über 250 Jahren vergleicht der schottische Aufklärungsphilosoph David Hume, ein Gegner jedes Moralobjektivismus, die «leeren Vergnügungen des Luxus und Aufwands», die ein «gescheiter Spitzbube» oder «Gauner» sich durch geheime Normverletzungen zu verschaffen sucht, mit den «natürlichen Freuden», die uns ein Leben im Einklang mit den Forderungen einer im allseitigen Interesse liegenden Moral bescheren kann: Freuden «der Unterhaltung, der Gesellschaft, des Studiums»; Freuden «der Gesundheit und der gewöhnlichen Schönheiten der Natur»; Freuden «vor allem aber des Friedens bei dem Nachdenken über das eigene Verhalten». Für Hume besteht kein Zweifel, dass vom Standpunkt des durchschnittlichen, vernünftigen Individuums aus betrachtet die «natürlichen Freuden» gegenüber den speziellen «Vergnügungen des Gauners» eindeutig den Vorrang verdienen. Er schreibt: «Diese natürlichen Freuden sind wahrlich ohne Preis, denn so wie sie durch nichts erkauft werden können, so ist ihr Genuss über jeden Preis erhaben.»[18] Es lohnt sich, über diesen Satz eine Weile nachzudenken!

9. Abschließende Hinweise

Nach der hier vertretenen Position gibt es grundsätzlich nur *eine* Form der praktischen Rationalität oder der Rationalität von Handlungen: die *interessebezogene* praktische Rationalität. Jede moral- und damit normbezogene praktische Rationalität ist letztlich nichts anderes als eine besondere Form der interessebezogenen praktischen Rationalität. Denn neben der praktischen Rationalität, die *unmittelbar* interessebezogen ist, gibt es die praktische Rationalität, die unmittelbar normbezogen, jedoch *mittelbar* interessebezogen ist. Das heißt: Es gibt zwar kein ursprünglich moral- oder normgeleitetes rationales Handeln, da es keine den Interessen der Menschen vorgegebenen Moralnormen gibt. Es gibt aber ein moralgeleitetes rationales Handeln, das durch eine interessegeleitete Akzeptanz von Moralnormen vermittelt ist und insofern letztlich ebenfalls ein interessegeleitetes Handeln ist. Jede rationale Handlung realisiert also ein Interesse des Handelnden – auch dann, wenn diese Realisierung durch eine akzeptierte Moralnorm vermittelt ist.

Kann es in diesem Rahmen rationalen Handelns für Individuum A zu inneren Handlungskonflikten kommen? Zunächst könnte man an den Fall denken, in dem As unmittelbar interessegeleitetes Handeln abweicht von einem durch eine rationale Normakzeptanz vermittelten interessegeleiteten Handeln. Dies kommt nicht selten vor. Es liegt doch offenbar im unmittelbaren Interesse des bedürftigen A, einem mehrfachen Millionär unbemerkt 1000 Euro zu entwenden. *Rational* kann dieser Diebstahl für A jedoch keineswegs sein – unter der Voraussetzung, dass es für ihn ebenfalls rational ist, das generelle Diebstahlsverbot zu akzeptieren. So etwas wie eine Abwägung im Einzelfall zwischen unmittelbar interessegeleitetem und moral- oder normgeleitetem Handeln kommt unter dieser Voraussetzung, rational betrachtet, nicht infrage. Gerade darin besteht ja die kategorische Funktion einer akzeptierten Moralnorm, dass dieser vor jedem unmittelbaren Wunsch oder Interesse Vorrang zukommt. Ob A sich in der betreffenden Situation tatsächlich rational verhält, ist natürlich eine andere Frage.

Anders sieht die Sache freilich dann aus, wenn eine begründete Moralnorm *von vornherein* eine Regelung für gewisse Ausnahmefälle vorsieht. So spricht beispielsweise vieles dafür, vom Tötungsverbot die Fälle einer Notwehrsituation oder vom Diebstahlsverbot die Fälle einer akuten Notlage des Diebes auszunehmen. Denn in diesen Fällen würde wohl kaum ein Normadressat eine Normgeltung ohne jede Ausnahme als in seinem wirklichen Interesse liegend betrachten können.

Besonders deutlich wird die Unverzichtbarkeit von Ausnahmen im Fall des Verbots von Zwang und Gewaltanwendung. Wie wir sahen (S. 113), ist die soziale Geltung jeder Norm mit einem gewissen Maß an «Zwang» in Form von Sanktionen im Fall normwidrigen Verhaltens verbunden. Diese äußeren Sanktionen können bekanntlich bei Rechtsnormen, insbesondere bei Strafrechtsnormen, ohne weiteres die Form einer massiven Gewaltanwendung (durch staatliche Organe) annehmen. Insoweit die Geltung einer Moral- bzw. Rechtsnorm begründet ist, ist also im Prinzip immer auch die betreffende Sanktionierung mitbegründet. Das aber bedeutet, dass das ebenfalls im Prinzip begründete Verbot von Zwang und Gewaltanwendung hier im erforderlichen Umfang eine Ausnahme erfährt.

Ein in rationaler Hinsicht echter innerer Handlungskonflikt ist bei Individuum A jedoch dann gegeben, wenn es im konkreten Fall zu einem wirklichen Konflikt zwischen zwei von A gleichzeitig akzeptierten Normen kommt. In einem solchen Fall kann A gar nicht anders, als eine der beiden Normen zu verletzen. In der Ethik trägt man dieser Möglichkeit von Konflikten zwischen mehreren gleichzeitig akzeptierten Normen üblicherweise dadurch Rechnung, dass man die These, wonach die begründete Normakzeptanz für den Normadressaten ebenfalls ein Grund zur Normbefolgung ist, folgendermaßen präzisiert: Dieser Grund kann nicht als definitiver Grund, sondern nur als ein sogenannter Prima-facie-Grund betrachtet werden. Er wird erst dann zu einem definitiven Grund, wenn im konkreten Fall kein anderer Prima-facie-Grund entgegensteht.

Was ist im Übrigen die Funktion des Ethikers bei der Moralbegründung? Der Ethiker kann nach meiner Sichtweise sicher keine Moralnormen in dem Sinn begründen, dass er seinen Mitmenschen irgendwelche vorpositiven Normen als Gegenstand der Erkenntnis präsentiert. Er kann jedoch feststellen, dass die Zustimmung zu bestimmten Moralnormen intersubjektiv begründet ist, und damit die ethische Überzeugung, die diesen Tatbestand zum Inhalt hat, bestätigen. Dabei wird er sich in manchen Fällen bei realistischer Betrachtung mit der Feststellung begnügen müssen, dass eine Moralnorm bzw. die entsprechende moralische Einstellung nur *weitgehend* oder gar nur *partiell* intersubjektiv begründet ist. Insoweit ist eine gewisse Abschwächung der am Anfang dieses Buches stehenden These David Humes geboten. Immerhin lassen sich in einigen der betreffenden Fälle Maßnahmen angeben, die zu einem *umfassend* intersubjektiven Begründetsein der betreffenden Normen führen können. So kann eine Gesellschaft etwa Vorkehrungen dafür treffen, dass *alle* ihre Mitglieder zu Eigentum gelangen und damit ein Interesse am Verbot des Diebstahls haben.

Angesichts der Tatsache, dass manchmal auch Moralnormen vertreten werden sowie Geltung erlangen, die nicht *umfassend* intersubjektiv begründet sind, werden einige Leser vielleicht die Frage stellen: Darf man überhaupt eine Moralnorm vertreten und ihre Nichtbefolgung (eventuell sogar rechtlich) sanktionieren gegenüber solchen Individuen, die ihrerseits kein nachweisbares Interesse an der Geltung dieser Moralnorm haben? Kann es legitim sein, jemanden auf diese Weise zu einem bestimmten Verhalten zu erpressen oder gar zu zwingen? Darf man einem Individuum also sogar für solche Verhaltensweisen Sanktionen androhen bzw. zufügen, an deren *generellem* Unterbleiben dieses Individuum gar nicht interessiert ist? Die Antwort auf diese Fragen müsste sicherlich ein klares Nein sein, wenn unsere ethische Grundposition lautete: Eine Moralnorm ist genau dann *objektiv* begründet, wenn ihre Geltung im Interesse *aller* Normadressaten liegt.

Die hier vertretene ethische Grundposition ist aber eine subjektivistische und damit auch individualistische: Eine Norm kann überhaupt nur vom subjektiven Standpunkt eines bzw. mehrerer, vieler oder aller *Individuen* aus begründet sein. Für die Beantwortung der Frage, ob Individuum A überhaupt und, wenn ja, unter welchen Bedingungen eine Moralnorm, deren Geltung in seinem aufgeklärten Interesse liegt, vertreten sowie durch Sanktionen stützen *darf* bzw. ob dieses Vorgehen für A *legitim* ist, fehlt also jeder Maßstab. Es gibt keine höhere Normenordnung, die dies entweder verbieten oder erlauben könnte. Dass As Vorgehen möglicherweise für *einige Adressaten* der Norm unbegründet ist, ändert nichts daran, dass dieses Vorgehen für A, da die Normgeltung in seinem Interesse liegt, begründet ist – jedenfalls dann, wenn A mit seinem Vorgehen nicht von vornherein keine Aussicht auf Erfolg hat (vgl. auch S. 14 f.).

Gelegentlich wird die Position vertreten, alle Menschen würden in Wirklichkeit einer Norm höherer Ordnung zustimmen (und dies von ihrem eigenen Interessenstandpunkt aus!) – einer *Norm höherer Ordnung*, die die Stützung und Ingeltungsetzung jeglicher Moral- wie Rechtsnormen untersagt, deren Geltung *nicht* im Interesse *aller* betroffenen Individuen liegt. So gesehen, wäre in der Tat sogar auf subjektivistischer Grundlage jede Form von normativem Zwang, die nicht aufs Ganze gesehen auch im Interesse der Normadressaten selbst liegt, illegitim und verboten.

Tatsächlich ist mir jedoch keine reale Gesellschaft bekannt, in der diese Norm höherer Ordnung wirklich in Geltung ist. In Wirklichkeit enthält ja sogar jede (und zwar auch jede demokratische) Rechtsordnung, die ja noch mit weit schwerwiegenderen Sanktionen einhergeht als eine Moralordnung, immer auch Normen, die keineswegs im Interesse *aller* ihrer Bürger liegen. Abgesehen davon sehe ich aber auch keinen guten Grund und habe kein Interesse, mich selber für die Geltung der genannten höheren Norm in unserer Gesellschaft einzusetzen. Es wäre doch ein sehr merkwürdiges Ergebnis, wenn wir etwa das Verbot der Vergewaltigung von Frauen nicht gegenüber jedermann vertreten und durch – moralische wie rechtliche – Sanktionen stützen dürften, falls es einige Männer gibt, die von ihrem Interessenstandpunkt aus lieber in einer Gesellschaft ohne dieses Verbot leben und agieren würden.

Und warum sollten wir nicht auch Tierquälerei – moralisch wie rechtlich – verbieten dürfen und tatsächlich verbieten, nur weil es vermutlich einige Menschen gibt, denen jedes Mitgefühl mit Tieren fehlt? Sinnvoll ist hier nicht die Frage, ob wir das Verbot aussprechen *dürfen*. Sinnvoll sind vielmehr allein die beiden folgenden Fragen: erstens, ob uns, die wir Mitgefühl mit Tieren haben, der Schmerz der Tiere in unseren (altruistischen) Interessen stärker berührt als der in dem Verbot liegende Zwang gegenüber einigen herzlosen Tierquälern; und zweitens, ob diese Einstellung in unserer Gesellschaft wenigstens so weitgehend geteilt wird, dass wir durch unseren Einsatz auch tatsächlich eine gewisse Geltung und Wirksamkeit des Verbots der Tierquälerei erreichen bzw. bewahren können.

Auch ist zu bedenken: Die Drohung mit Sanktionen ist in einem Fall wie dem Verbot der Tierquälerei sicher nicht das einzig denkbare Mittel zur Erreichung einer Normbefolgung. Unter Umständen kann es auch wirkungsvoll sein, wenn die Vertreter der Norm zusätzlich die Strategie verfolgen, durch Autorität und Vorbild, durch Belohnungen und andere gewaltlose Maßnahmen widerspenstige Normadressaten dafür zu gewinnen, die betreffende Norm auf dem Weg der Ausbildung und Kultivierung neuer eigener Interessen freiwillig zu akzeptieren. Man kann, bevor man all dies versucht hat, selten die volle Gewissheit haben, dass die betreffende Norm nicht möglicherweise doch im (aufgeklärten) Interesse eines bestimmten Adressaten liegt.

An folgender Erkenntnis führt jedoch kein Weg vorbei: Wenn es zutrifft, dass vertretene Moralnormen Ausdruck von Interessen sind, dann sind alle Maßnahmen des Normvertreters, durch die er seine Mitmenschen zur Vertretung, Akzeptanz und Befolgung dieser Normen zu bewegen sucht, prinzipiell nichts anderes als Maßnahmen der *Realisierung* seiner Interessen. Glücklicherweise ist die menschliche Natur so beschaffen, dass die besonders wichtigen, elementaren Interessen (egoistischer wie altruistischer Art) der allermeisten Individuen gleichgerichtet sind (siehe S. 104) und sich deshalb durch die allgemeine Zustimmung zu *denselben* Moralnormen realisieren lassen. Sonst gäbe es vor dem «Krieg aller gegen alle» wohl kein Entrinnen!

Dieser glückliche Umstand ist aber gleichwohl nicht ausreichend, um jeden Zwang in der Moral überflüssig zu machen. Erstens gibt es Individuen, denen die Einsicht fehlt, dass die Geltung einer bestimmten Moralnorm durchaus in ihrem Interesse liegt. Zweitens gibt es Individuen, die über diese Einsicht zwar verfügen, die aber trotzdem nicht bereit sind, die Norm selber zu akzeptieren, sondern die lieber unfair sind und «Trittbrett fahren». Drittens gibt es Individuen, die die Norm zwar generell akzeptieren, die aber, wenn es zur Normbefolgung kommt, jedenfalls gelegentlich der Versuchung irrationaler Motive erliegen. Und viertens gibt es eben leider auch Individuen, die so sehr aus dem Rahmen der menschlichen Natur fallen, dass ihnen sogar elementare Interessen, die ihre Mitmenschen im Allgemeinen haben, manchmal fehlen.

Sämtlichen dieser Individuen gegenüber werden die Normvertreter, sofern ihnen die Befolgung der Norm wichtig genug ist, auf die Androhung und Durchsetzung geeigneter Sanktionen nicht verzichten können. Ein ausnahmsloses Verbot der Anwendung sozialen Zwanges ist deshalb intersubjektiv nicht begründbar. Eine wirksame, aber völlig zwanglose Moralordnung ist aus denselben Gründen eine Illusion wie eine wirksame, aber zwanglose Rechtsordnung.

In welcher Bedeutung kann man die typisch moralischen Ausdrücke unserer Sprache sinnvoll verwenden? Nun, Ausdrücke wie «moralisch verpflichtet», «moralisch gesollt» und «moralisch verboten» sind stets *normative* Ausdrücke. Einen normativen Ausdruck aber kann man in dem Normsatz, in dem er vorkommt, zumindest in den folgenden, sehr unterschiedlichen Bedeutungen verwenden:

1. Man nimmt Bezug auf eine für existent gehaltene vorpositive Moralnorm. Wenn es, wie ich argumentiert habe, tatsächlich jedoch keine erkennbaren vorpositiven Moralnormen gibt, beruht diese Bezugnahme auf einem Irrtum. So ist der Normsatz «Man ist verpflichtet, nicht zu töten», in diesem Sinn verstanden, einfach falsch.

2. Man nimmt Bezug auf eine in einer bestimmten Gesellschaft geltende, also empirisch existente Moralnorm. Dann ist der entsprechende Normsatz, je nach Lage der Dinge, entweder richtig oder falsch. So ist der Normsatz «Man ist verpflichtet, voreheliche sexuelle Handlungen zu unterlassen», bezogen auf die derzeitige iranische Gesellschaft, wahr und, bezogen auf die derzeitige deutsche Gesellschaft, falsch.

3. Man nimmt nicht – in deskriptiver Weise – *Bezug auf* eine Moralnorm, sondern bringt durch die *Vertretung* einer Moralnorm den eigenen Wunsch nach einem bestimmten Handeln *zum Ausdruck*. Der so verstandene Normsatz «Du sollst nicht lügen» kann, ebenso wie der Imperativ «Lüge nicht!», weder wahr noch falsch sein. Inwieweit er geeignet ist, zu Akzeptanz und Geltung der betreffenden Moralnorm zu führen oder doch beizutragen, kommt auf die jeweiligen Umstände an. Es hängt insbesondere davon ab, ob noch andere Individuen zur Vertretung dieser Moralnorm bereit

sind. Theoretisch betrachtet, spricht im Prinzip nichts dagegen, auch solche Moralnormen zu vertreten, die – wie etwa «Man ist verpflichtet, sein Geld mit den Armen zu teilen» oder «Man soll keine Abtreibung vornehmen» – in der eigenen Gesellschaft *nicht* gelten. Ob solche Moralnormen allerdings nicht nur den Wünschen, sondern auch den aufgeklärten Interessen ihrer Vertreter Ausdruck geben, ist eine andere Frage, die jeweils zu untersuchen ist. Diese Frage ist jedenfalls dann zu verneinen, wenn die betreffenden Wünsche auf nichts anderem beruhen als auf der irrigen Annahme der Existenz von Moralnormen, die sich auf irgendeine Weise objektiv begründen lassen.

In der Vergangenheit wurde im Abendland – nicht nur von Philosophen und Theologen – bisweilen die These vertreten, «dass alles erlaubt ist, wenn es Gott nicht gibt».[19] Dabei wird man die Folgerung, dass alles erlaubt ist, wohl so zu verstehen haben, dass es keinen guten Grund gibt, irgendeiner Moralnorm seine Zustimmung zu geben. Da diese Folgerung als solche aber den allermeisten Menschen als absurd erscheint, meinen diejenigen, die die These vertreten, so den Glauben an die *Existenz Gottes* als unverzichtbar erwiesen zu haben. In Wahrheit haben sie einen solchen Erweis jedoch allenfalls unter der Voraussetzung erbracht, dass von vornherein nur eine einzige Form der Moralbegründung wirklich in Betracht kommt: eine Moralbegründung auf religiöser Basis. Um diese Voraussetzung hinreichend zu begründen, müssten die Vertreter der These aber zunächst einmal die wichtigsten nicht-religiösen Formen der Moralbegründung, die philosophisch in Betracht kommen, widerlegen! Dieser Sichtweise der Dinge würde heutzutage wohl jeder, der sich ernsthaft mit Fragen der Ethik beschäftigt, zustimmen.

Allzu häufig übersehen wird jedoch, dass auch heute noch

nicht wenige Philosophen eine den genannten Thesen durchaus *entsprechende* These vertreten – nämlich die, dass es keinen guten Grund gibt, irgendeiner Moralnorm seine Zustimmung zu geben (dass also «alles erlaubt ist»), wenn sich Moralnormen nicht objektiv begründen lassen. Und ganz entsprechend den Vertretern der religiösen These meinen die Vertreter dieser These, schon damit den Glauben an den ethischen *Objektivismus* als unverzichtbar und alternativlos erwiesen zu haben. Auch sie haben diesen Erweis aber allenfalls unter der Voraussetzung erbracht, dass eine Alternative – in diesem Fall die Alternative einer subjektiven bzw. intersubjektiven Moralbegründung – von vornherein gar nicht in Betracht kommt. Ich hoffe, in diesem Buch gezeigt zu haben, dass das Gegenteil der Fall ist.

Es gibt eine pointierte Formulierung David Humes, die bis heute gern missverstanden wird. Sie lautet: «Es widerspricht nicht dem Verstand, wenn jemand die Zerstörung der ganzen Welt einer Schramme an seinem Finger vorzieht.»[20] In der Tat widerspricht eine solche Präferenz nicht dem Verstand als solchem: Der Verstand *allein* kann uns nicht sagen, welches die bessere Wahl ist. Gleichwohl widerspricht die Präferenz – wovon auch Hume als selbstverständlich ausgeht – dem aufgeklärten Interesse jedes auf dieser Erde lebenden Menschen. Eine subjektivistische Interessenethik führt nicht notwendig zu moralischer Beliebigkeit.

Anmerkungen

1 Aristoteles, *Physikvorlesung*, Darmstadt ⁵1989, Buch 2, Kap. 8, S. 51 ff.

2 *Katechismus der katholischen Kirche*, München 1993, Nr. 2357.

3 Siehe Matthäus 7,12.

4 Immanuel Kant, *Grundlegung zur Metaphysik der Sitten*, hrsg. von Theodor Valentiner, Stuttgart 1984, S. 68 (Akad.-Ausg., Bd. 4, Berlin 1911, S. 421).

5 Zu den Erörterungen auf den folgenden Seiten siehe Kant (Anm. 4), S. 69 ff. (S. 421 ff.).

6 Kant (Anm. 4), S. 124 f. (S. 461).

7 Kant (Anm. 4), S. 43 (S. 403 f.).

8 Zum Folgenden siehe vor allem Jürgen Habermas, *Moralbewusstsein und kommunikatives Handeln*, Frankfurt a. M. ⁸2001, S. 53 ff.

9 Habermas (Anm. 8), S. 103.

10 Habermas (Anm. 8), S. 86 ff.

11 Habermas (Anm. 8), S. 105.

12 Habermas (Anm. 8), S. 109 f.

13 Habermas (Anm. 8), S. 108.

14 Habermas (Anm. 8), S. 73.

15 Meine Darstellung der Ethik Hares basiert auf dem Buch: Richard M. Hare, *Moralisches Denken*, Frankfurt a. M. 1992. Siehe auch John L. Mackie, *Ethik*, Stuttgart 1983, Kap. 4.

16 Siehe Norbert Hoerster, *Was ist Moral?*, Stuttgart 2008, Kap. 4.

17 Zu Bedeutung und Tragweite individueller Rechte siehe ausführlich Norbert Hoerster, *Wie schutzwürdig ist der Embryo?*, Weilerswist 2013, S. 35 ff.

18 David Hume, *Eine Untersuchung über die Prinzipien der Moral*, hrsg. von Gerhard Streminger, Stuttgart ²1996, S. 213 f.

19 So etwa Robert Spaemann, *Personen*, Stuttgart 1996, S. 105.

20 David Hume, *A Treatise of Human Nature*, ed. by L. A. Selby-Bigge, Oxford ²1978, S. 416 (übersetzt vom Autor).

Das Motto am Anfang des Buches ist entnommen aus: David Hume, *An Enquiry concerning the Principles of Morals*, ed. by L. A. Selby-Bigge, Oxford ³1975, S. 280 (übersetzt vom Autor).

Einige Kernbegriffe

Im Folgenden stelle ich kurz dar, in welcher Bedeutung ich einige wichtige Begriffe innerhalb meiner Position der Moralbegründung, der Begründung von Moralnormen, verwende. Diese Bedeutung ist nicht immer deckungsgleich mit der Bedeutung der Begriffe in unserer Alltagssprache.

Akzeptanz einer Norm: Wenn Individuum I eine Norm, deren Adressat I ist, akzeptiert, dann hat I sich diese Norm irgendwann in seinem Leben zu eigen gemacht und verinnerlicht. Die Norm ist Teil seines Gewissens geworden. I fühlt sich auch unabhängig von drohenden äußeren Sanktionen verpflichtet, die Norm zu befolgen, und hat insoweit zu ihrer Befolgung einen guten Grund.

Befolgung und Wirksamkeit einer Norm: Eine Norm wird befolgt, sofern der Normadressat sich in seinem Verhalten von der Norm leiten lässt. Das Motiv für die Befolgung der Norm kann sowohl in der Furcht des Normadressaten vor drohenden äußeren Sanktionen als auch in seiner Akzeptanz der Norm bestehen. Beide Motive können auch zusammenwirken. Eine Norm ist wirksam, insoweit sie befolgt wird. Keine Befolgung und Wirksamkeit einer Norm liegt dann vor, wenn ihr Adressat sich allein deshalb normkonform verhält, weil ihm jede Neigung zu der betreffenden Tat fehlt.

Geltung einer Norm: Eine Norm besitzt Geltung innerhalb einer bestimmten Gesellschaft (oder Bevölkerungsgruppe), sofern sie in dieser Gesellschaft jedenfalls weitgehend vertreten sowie akzeptiert wird, also in einem umfassenden Sinn Zustimmung findet. Die Geltung einer Norm ist, so verstanden, ein rein empirisches, soziales Phänomen, das nicht mit irgendeiner Form der Begründetheit der Norm verwechselt werden darf.

Interesse: Ein Interesse ist ein Wunsch nach einem bestimmten Weltzustand (insbesondere einem bestimmten menschlichen Verhalten), den ein Individuum I hat (oder jedenfalls haben würde), sofern I zu dem betreffenden Zeitpunkt sowohl urteilsfähig als auch über alle für die Realisierung des Wunsches relevanten Umstände informiert ist.

Moralische Einstellung: Jemand hat eine moralische Einstellung zu einer bestimmten Norm, wenn er die Norm als Moralnorm sowohl nach außen vertritt als auch, sofern er selber zu ihren Adressaten gehört, für sich akzeptiert. Er gibt der Norm insofern im umfassenden Sinn des Wortes seine Zustimmung.

Moralnorm: Eine Moralnorm ist eine Norm, die sich an alle Menschen oder an alle Menschen mit einer bestimmten Eigenschaft richtet (bzw. eine Norm, die sich aus einer solchen Norm ableiten lässt). Eine Moralnorm ist gewöhnlich mit der Annahme verbunden, gegenüber den Adressaten, an die sie sich richtet, auch begründbar zu sein.

Norm: Eine Norm ist die Forderung eines bestimmten Verhaltens. Diese Forderung kann von einzelnen Individuen ebenso wie von einer ganzen Gesellschaft ausgehen. Ob es neben solchen Normen, die empirisch existent sind, auch Normen bzw. Moralnormen gibt, die als objektiv verbindlich den Menschen und ihren Interessen vorgegeben sind, ist umstritten.

Sanktion: Durch eine Sanktion wird dem Adressaten A einer Norm, der diese verletzt hat, das Übel einer Strafe zugefügt. Die Strafe kann – als äußere Sanktion – sowohl formeller Art (wie die staatliche Strafe für die Verletzung einer Rechtsnorm) als auch informeller Art (wie der Tadel oder die Ächtung seitens der Umwelt für die Verletzung einer Moralnorm) sein. Und sie kann auch – als innere Sanktion – in Reue und Gewissensbissen bestehen, die A nachträglich befallen, falls er die Norm akzeptiert.

Stützung einer Norm: Wer eine Norm stützt, setzt sich umfassend dafür ein, dass die Norm von ihren Adressaten befolgt wird und somit Wirksamkeit erlangt bzw. behält. Dieser Einsatz besteht insbesondere in der Vertretung der Norm sowie in der Sanktionierung von Verletzungen der Norm.

Vertretung einer Norm: Vertreten wird eine Norm von Individuum I dann, wenn I sich die in der Norm liegende Verhaltensforderung zu eigen gemacht hat, weil es das betreffende Verhalten wünscht. Die Vertretung der Norm erweist sich darin, dass I die Bereitschaft besitzt, das entsprechende normative Urteil nach außen kundzutun.